불서한담

佛書閒談

솔뫼 정현식

대한불교조계종 불교신문사

욕망으로부터
자유로워지는 곳에
부처도, 글씨도 있다.

경주 구미산 적연당 창 아래에서
솔뫼 **정현식**

지식으로부터 벗어나는 그 자리에 말로 할 수 없는 환희와 진정 절학무위한도인(絶學無爲閑道人)의 묘리가 있다.

사는 일은 열중 여덟은 엇박자이다. 키만 큼 버려지는 화선지가 작업실을 채워도 욕심으로 일어나는 글씨의 형상은 아픈 생채기를 남기면서 완전체가 되지 못한다. 예술은 보이지않는 이면의 완전한 형상까지 볼 줄 알아야 한다. 서력이 늘어날수록 깊게 무겁게 느낀다. 이 일만이 문이요, 이 일만이 길이라 생각하면서 정갈히 좌복에 앉아 천근만근의 마음을 내려놓는다.

붓다께서 걸으신 그 길 위에 내 마음의 빗장과 헛꽃을 풀어놓고 깊은 내면으로 젖어든다. 읽고 염송하던 몇 글귀가 또 나를 짓 누른다. 어쩔 수 없이 생겨버린 습성이다. 부처님의 말씀에서 살뜰하게 미의 법문을 받아 적어 거친 붓으로 작품을 하고 논리 부족으로 정리 되지 않는 몇 줄의 사족을 덧붙인 글들이다. 먹색은 침묵의 색이요, 모든 것을 무진장 감추고 있는 현(玄)의 색상이며, 승복의 색 또한 먹색인 것을 미루어보면 서예와 불교는 둘이 아님이 분명하다. 수행하기 좋은 시골 살림살이에 제법 맛이 들었다. 거칠고 난삽하기 그지없는 작품과 문장이지만, 불교신문에 연재한 내용과 103점의 작품을 모은 한가롭고 심심한 간이덜된 근대수 낮은 부족한 글 일뿐이다.

나를 열어주고 이끌어주고 응원해주신 모든 분들께 한 잔의 차와 공경의 예를 올립니다. 미루지 말고 당장 환희 웃으시길 바랄뿐이다.

본래면목
어디서 찾지

풍경소리

한마음의 새

그리움마저 가져가고

본래면목

어디서 찾지

조심하라, 조심하라, 조심하라
시절 인연, 좋은 시절
이 한 물건, 있기도 하고 없기도 한 물건 이 뭣고
세계일화 조종육엽
옳고 그름 안다면 두려움도 사라져
터지는 꽃소식 천지가 화엄이네!
양극단을 버리는 위대한 바라밀
시간 속에 갇힌 인생
유아독존
어찌 따로 법을 구하겠는가?
본래 텅 비어 공한 것이고 없는 것임을
금강권 율극봉 어쩌란 말인가?
다만 홀로 나의 마음?
한 말씀 꽃이 되다
12344321 어찌 읽을 것인가?

조심하라, 조심하라, 조심하라

세심히 살피고 돌아보아야 한다

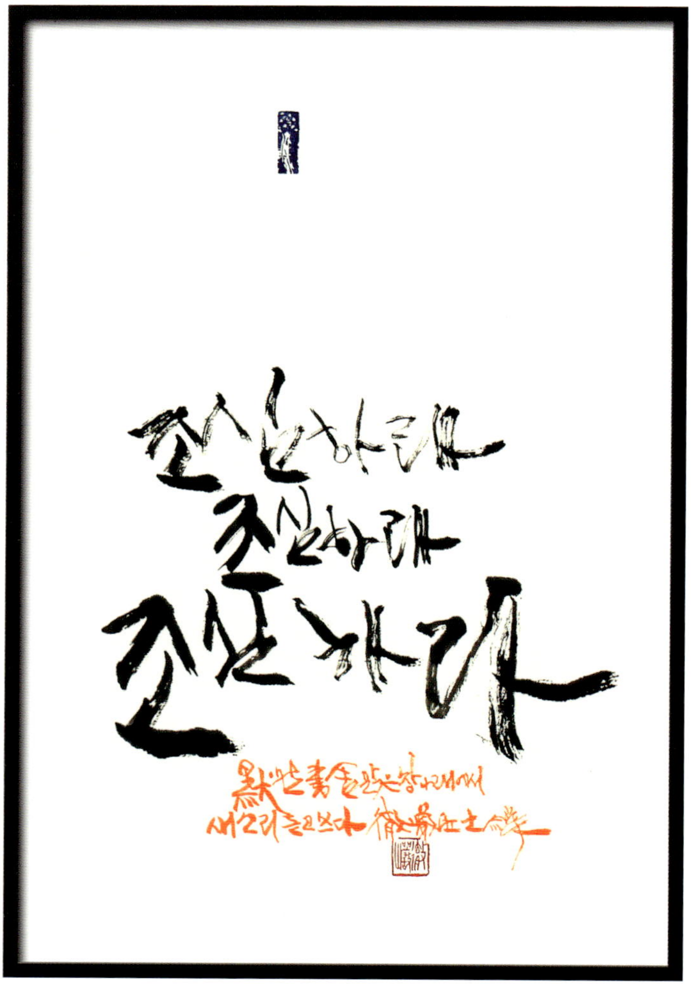

어느 날 문득 사는 일은 주저 없이 들이닥친다. 서예를 평생 직업으로 하는 나에게 원고를 쓰는 일도 그 또한 마찬가지이며 작두날 위에 서는 기분이다.

시골 적거지에 불쑥 얼굴 내미는 비온 뒤의 청량한 바람에 티없이 맑은 풍경소리가 깨어나지 못하고 반복되는 일상을 흔들어 깨운다.

"배고프면 밥을 먹고 졸리면 잠을 자는 이 평범한 진리." 나의 작업에 빗대어보면 틈나면 붓글씨 쓰고 몇 권의 책 읽고 글제를 찾아나서는 일은 나에게는 가장 거룩하고 행복한 일이다.

내가 살아가는 전부가 이 한 물건에 있기 때문이다. 작품은 더듬고 깨물고 문자명상의 인위적인 공부인의 과정이 만들어내는 살아있는 한 물건인 것이다. 한 점은 돌아앉고 한 획은 선기 담지 못해 부족하지만 수행을 더해가면서 선해질 것이라 믿으면서 큰 벼루에 먹을 갈고 화선지를 매만진다. 이제 먹이 나를 갈고 있다. 이 일은 나의 수행의 방편이고 50년 넘게 평생 이 물건이 방편 도구가 될 수 있다는 지극한 복됨에 늘 두 손 모으며 고개 숙인다.

글씨는 그 사람의 인격이고 수양이며 사람됨이며 한사람의 전부인 것이다. 수행을 묻는 이에게 붓글씨로 써서 내어주는 노스님의 "조심하라" "조심하라" "조심하라" 이 자상한 가르침의 말씀이 천근만근의 무게로 나를 에워싸는 전율이고 가래침을 내 뱉듯 가르치는 그 독설보다 아린다. 이런 경지의 노스님을 뵙고 싶다.

사는 일은 세심히 살피고 돌아보아야한다. 요즘 세상 자신의 위치에서 중심잡고 살기 쉽지 않다. 일어날 때 일어나고 앉을자리 앉기도 더 쉽지 않다. 세간살이 거의 절반은 엇박자이듯 내 작품도 서력이 더할수록 어렵지만 깊어지기 위한 아픔이라 생각하면서 심사가 뒤틀린 붓대를 한마음 살펴 다시 세워 잡는다. 붓글씨에 붓을 세우는 일은 나를 세우는 일이다.

서예와 불교의 수행과정은 둘이 아니다. 불교에 요체가 있듯 서예에도 정법이 있다. 늘 조심스럽게 겸손히 붓을 들고 머리 숙이고 온전한 나를 만난다. 쇠를 갈아 바늘 만들듯 한마음 지키고 탁마하며 언젠가는 편안함과 따스한 느낌을 주는 작품이 불가의 중도에 딱 들어맞는 중봉(中鋒)의 필법으로 화선지를 채워갈 것이다. 몰록 찾아들어 "인생이 무엇입니까" 묻는 이가 있다면 붓을 들고 무엇을 쓸까 돌아앉은 방석에 다시앉아 만나볼 일이다.

시절 인연, 좋은 시절

한 생각 놓으면 모두 호시절인 것을…

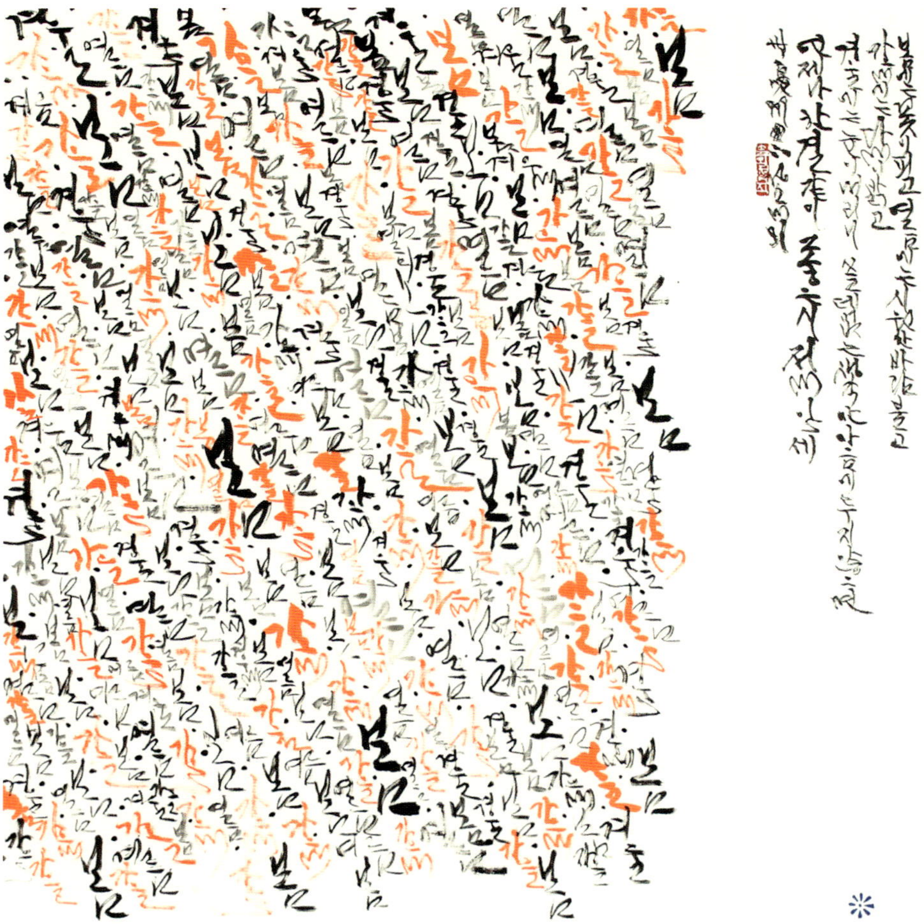

"봄에는 갖가지 꽃, 가을에는 달, 여름에는 시원한 바람, 겨울에는 눈이라 마음에 걸림 없이 한가롭다면 이야말로 인간세상 호시절이라." 이 선시는 남송시대 〈무문관〉의 저자이며 조주무자 공안을 참구하다 점심공양 북소리를 듣고 문성 오도한 무문혜개(無門 慧開) 선사께서 계절의 변화를 보고 느끼고 일어나고 사라지는 경계를 대자유인의 삶의 지혜로 활활 자재를 나투셨다.

산다는 일은 정해진 답은 없지만 쉬운 일이 아님은 분명하다. 늘 일어나고 사라진 경계에 마음 씀이 뒷걸음으로 길을 걷는 것 같다. 무애한 세간살이 누가 묶어놓은 것도 아닌데 왜 이다지도 망념에 끌려 마음은 널뛰기하고 있는가. 이성의 힘으로 쓸데없는 일에 마음 상하지 않게 살 수 있는 지혜는 언제쯤 힘을 얻을 수 있을까. 15년 전 시골로 스스로 들었건만 왜 이다지 한가하지 않은지, 또 서재에는 읽지도 않을 필요하지도 않는 책은 왜 이리 많은가.

열어젖힌 창문으로 들이닥치는 햇볕은 티끌 하나 없이 형형하게 설하고, 무질서하게 자라난 잡초들도 제각기 터를 잡고 어느 구석 악한 마음을 읽을 수가 없다. 이순이 넘게 세간살이 하였건만 아무것에도 한가롭지 못한 이 공부는 어찌해야 할 것인지 묻지만 답을 찾지 못한다. 머리에 타고 있는 불도 끄지 못하고 죽음이라는 곳으로 걸어들고 있다고 생각하니 끝이 예리한 송곳으로 허벅지를 찌르고 싶다.

꽃, 달, 바람, 눈 어느 하나 먼저 내세울 수 없어 몇 년 전 소품에 오랜 시간을 보낸 기억이 새롭다. 한 글자만으로도 작품이 되는 참으로 아름답고 중량감 넘치는 이 글자, 바람이라고 쓰면 바람소리가 나야만 하는데 소리는커녕 획도 살아있지 못하는데 이 일을 어찌 해야 할지 난감하다. '서예'라는 이 한 물건 안고 산지 50년이 넘었건만 갈수록 깊어지는 것은 복중에 큰 복이다. 글씨는 바로 그 사람이기에 한 작품, 한 획이 나의 영적인 표현이고 살림살이다. 작품은 불멸의 논문이며 인문학적 소양의 무서운 척도가 된다.

50년 살다보니 49년 헛살았다고 대성통곡한 대 선비도 환갑잔치에 59년을 헛살았다 탄식하셨다니 나의 생 내 공부는 어떠한가. 돌이켜보면 한 뼘도 안 되는 보잘것없는 지난 시절들, 아직도 읽어야 할 책이 서재에 가득하고 써야 할 먹들이 몇 십 개이며 붓은 몇 대물림 할 정도로 있으니 이 또한 나를 묶어 놓는다. 오늘부터 다시 태어나, 내 스스로 미망해 묶인 나의 망상의 철끈을 잘라버리고 대자유인의 삶으로 본래 자기 본래 성품으로 자유자재하고 싶다.

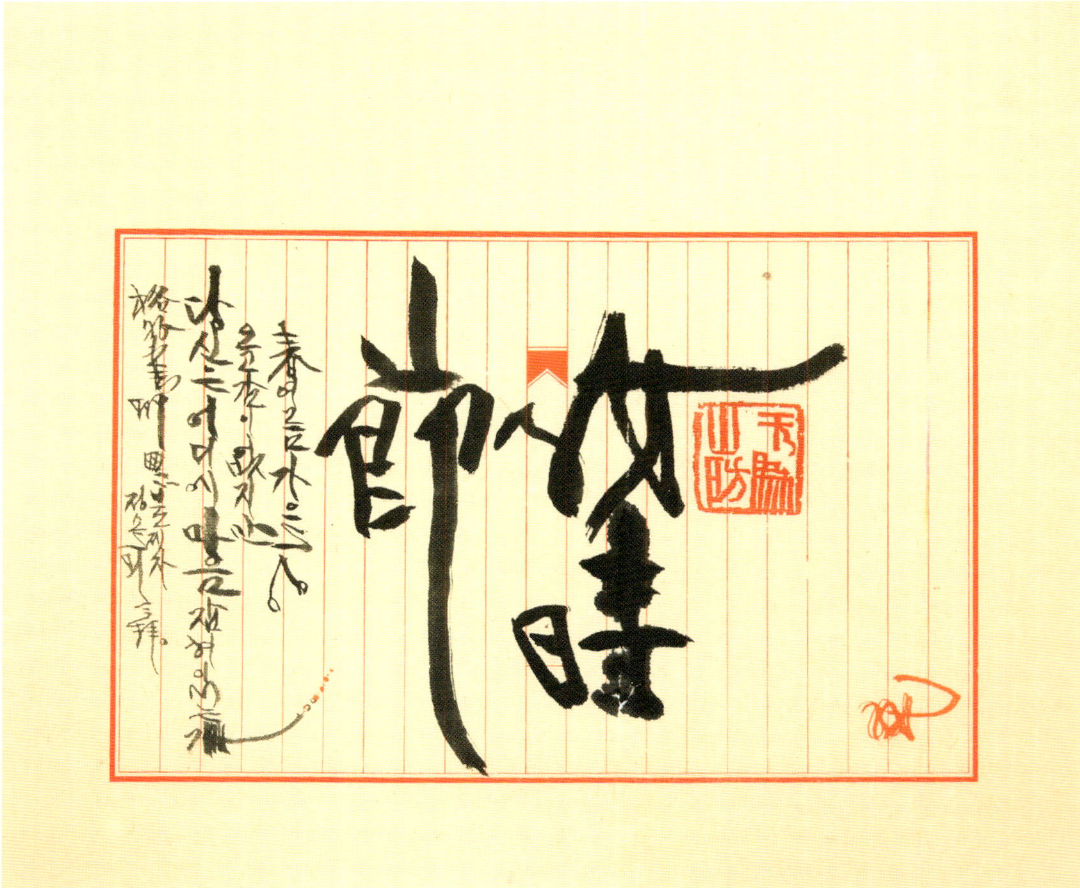

내 서재에 '무우재(無憂齋, 근심 없는 집)'라는 당호를 붙였다. 욕심이 분에 넘친다. 한가함에 주인이 되고 적정함마저도 빠져 들지 않는 그런 분을 나는 가까이 두고 산다. 아껴 써야 할 만큼 귀한 시절인연이고 복이다. 그와 마주하는 순간 할 수 없이 고개를 숙인다. 비어있는 옆집의 나무들이 열고 가는 허공의 길에는 걸림도 없고 주인도 없다. 봄 여름 가을 그리고 겨울. 오고 감이 없지만 당신은 어디에 마음 잡혀있는가. 한 생각 놓으면 모두가 좋은 시절인 것을.

이 한 물건, 있기도 하고 없기도 한 물건 이 뭣고

가슴에 뜨겁게 박힌 '동그라미'

신비하다 하지 않던가? 깊다하지 않던가? 공하다 할까? 있다고 할까? 없다고 할까? 나는 그 까닭을 알지 못한다.

"이 하나를 얻어 두루 살폈으니 말로는 도달할 수 없고 마음으로 갈수도 없다"라고 오가해 설의에서 함허당(涵虛堂) 득통선사께서는 설하고 계신다.

여기 한 물건(一物)이 있는데, 본래 부터 한없이 밝고 신령스러워 일찍이 나지도 않았고 죽지도 않았다. 이름 지울 길 없고 모양 그릴 수 없는 이것, 한 물건이 무엇인가? 옛 어른은 "옛 부처님 나기 전에 의젓한 동그라미, 석가도 모른다 했거니 어찌 가섭에게 전하랴"라고 말씀하셨다.

육조 혜능선사께서 "나에게 한 물건이 있는데 이름도 없고 모양도 없다" 너희들은 알겠는가? 늘 면전(面前)으로 하루에도 몇 만 번씩 출입하고 상주하는데 뭐라고 꼬집어 말할 수 없는 이것, 참으로 귀하고 영특하도다.

시작도 연유를 따질 수 없이 불가능한 일이니, 나도 지녔고 너도 지닌 이것 참자리를 찾아 고쳐 앉아 보시게나.

선사들의 선서화(禪書畵)에는 어김없이 작품이 되고, 퇴옹당(退翁堂) 큰스님께서도 한 붓질하였

으니 작품 귀하게 남기셨다. 한 번의 호흡 간에 쉽게 할 수 있는 듯 보이지만, 욕심내면 낼수록 첫 마음과 멀어지는 이 묘한 신령의 기운 덩어리, 꽉 다물면 맛이 없고 좀 벌어지면 기운이 다 빠져나가 버리는 이놈, 이 뭣고.

옻칠 판에 순금으로 한 호흡 모아 휘호한 10여 년 전의 작품, 볼 때마다 나는 다시 할 수 없다. 나는 다시 할 수 없다고 그저 고개 숙여지는 작품, 오래 전 만난 나의 한 물건이 되었다. 허공같이 뚜렷하여 모자랄 것도 없고 남을 것도 없다. 그때 그 마음 어디 갔을까?

망상도 집착도 떠나가 버린 일원상 둥근 마음 가졌기에 둥글어 보일뿐인 것을, 찬바람 부는 계절의 가르침을 받아 적는, 국화가 막 피어나기 아름다운 가을 저녁, 마음에 벌써 일원상(一圓相) 하나 골기(骨氣) 있게 들어앉았다.

가슴이 뜨겁다 화들짝 놀랍다.

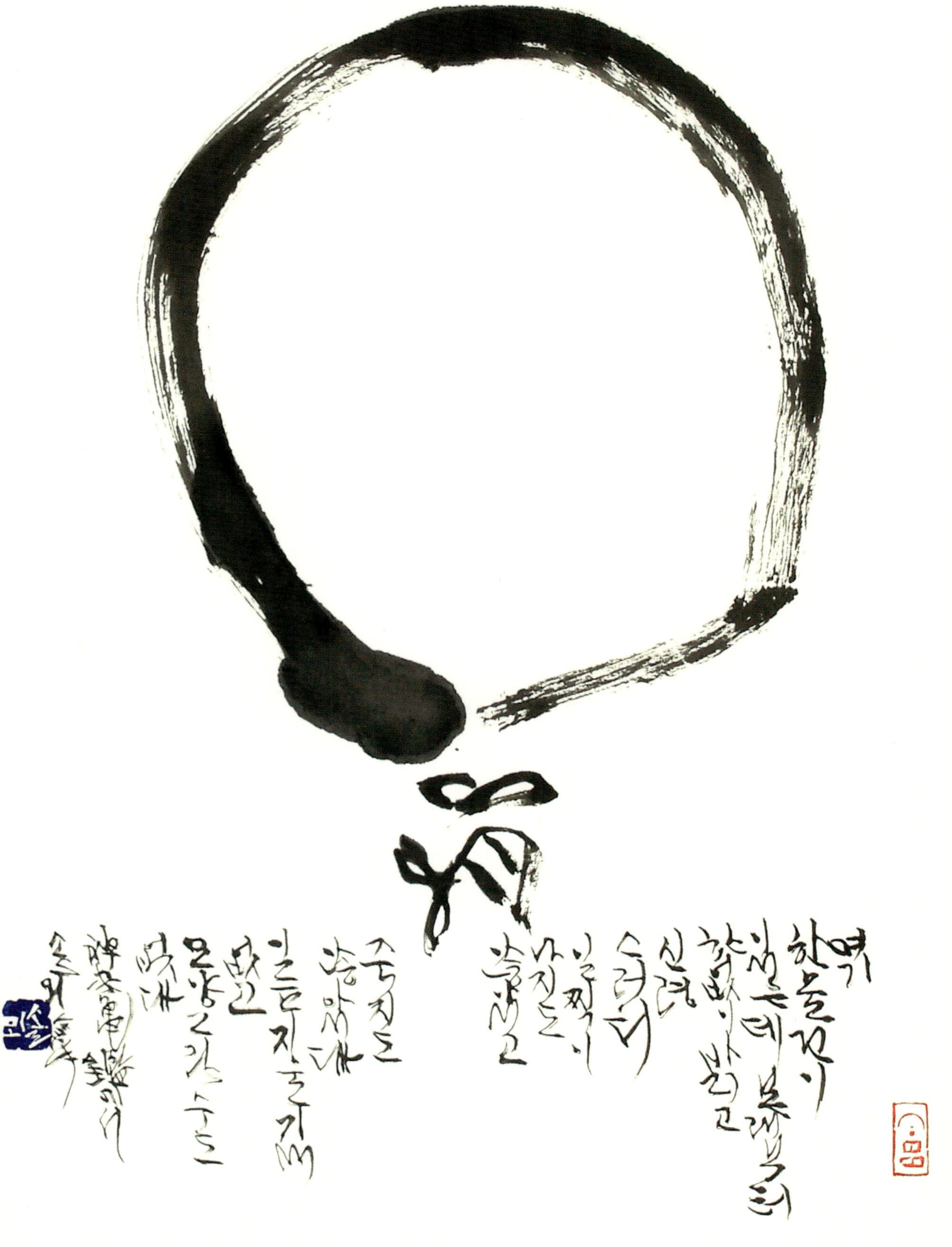
여기
한물건이
있는데 본래부터
한없이 밝고
신령
스러워
일찌기
나지도
않았고
죽지도
않았으며
이름 지을 길이
없고
모양 그릴 수도
없다

세계일화 조종육엽

달마대사의 드라마틱한 인생

"내가 본래 이 국토에 온 것은 법을 전해 중생들을 제도하기 위함이다. 한 송이의 꽃에 다섯 잎이 피니 열매 저절로 열린다." 선문염송에 이르시길 달마대사의 전법게에서 말하였다. 선원에 서각해서 새겨진 편액을 쉽게 만날 수 있다. 추사 선생의 글씨가 복각되어 있던 어느 사찰의 모습이 선하다.

'세계일화 조종육엽' 세계는 한 송이 꽃이요, 조사 여섯은 꽃잎으로 피었다. 이 속에 담긴 깊은 뜻을 글이나 생각으로 미칠 수 없겠지만 붓을 들면 세계일화 만공, 숭산 큰스님으로 이어져 지금도 내려오고 있다.
붓글씨를 쓰는 나에겐 나쁜 버릇이 있다. 사찰현판, 주련 등에 쓰인 글씨의 원류를 찾고 시원(始原)을 더듬는 일이다. 문자의 형상을 넘어서게 되면 내 공부의 깊이를 더하게 된다.

조종육엽의 막내 육조혜능선사의 비문을 왕마힐(시불, 왕유)이 중국 선종의 전승을 한 치 오차 없이 표현한 구절이다. 얼마 전 공부하시는 스님께 부탁드려 비석의 원문을 볼 수 있어 더 환희심이 났다. 이럴 때 참 행복하다. 문자에 매달리는 것이 아니라 문자를 넘어서게 된다. 정확하게 내용의 깊이를 인식하지 못하면 붓을 들고 작품을 해도 완성도가 높지 않고 획이 서로 교합치 못하고 의심해 보이는 느낌이 든다.

제28조 보리달마로부터 이어지는 선종의 계보 "그대는 이미 모든 법을 통달했다. 무릇 달마라 함

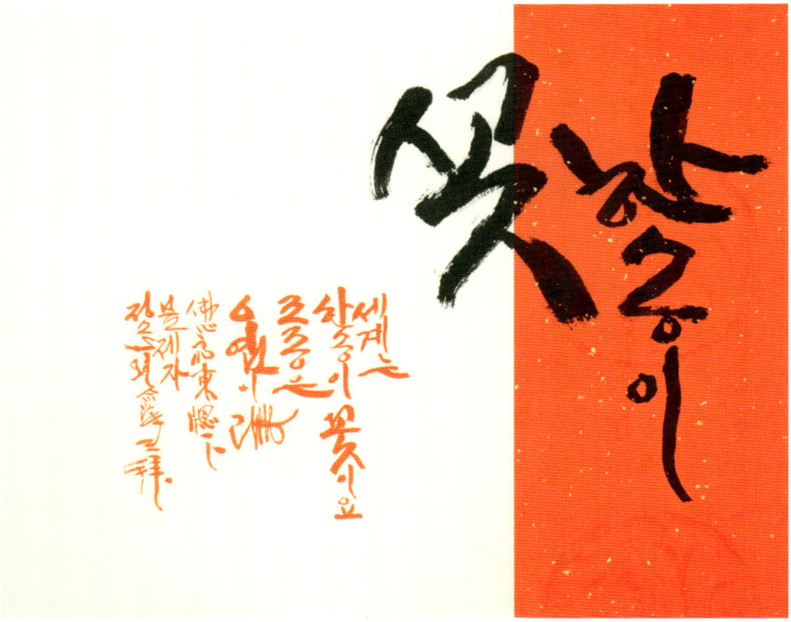

은 통달한 큰 뜻이니 마땅히 이름을 달마"라고 명하였다. 내가 열반에 들고 나서 67년 뒤에 중국에 가서 큰 법약(法藥)을 마련해 놓고 곧바로 상근기들을 접하라. 거기에는 유의(有意)의 공덕만을 좋아하는 사람만 있어서 부처의 이치를 보지 못하기 때문이다. 맑은 업을 부지런히 닦고 3보(三寶)를 잘 보호하시오. 내가 가더라도 오래있지 않을 것이니 19년이면 돌아오게 될 것이다. 한 짝 짚신의 주인은 맨발로 어디로 가셨을까!

얼마나 기이한 일인가 9년 면벽토굴에 찾아온 혜가, 칼을 뽑아 자신 한쪽 팔을 끊어 대사 앞에 내려놓는 그 생생한 활극, 하얀 눈 위에 뚝뚝 떨어지는 선연한 피의 방울들 얼마나 현장감 있는 드라마인가? 귀한 인연으로 만나고 헤어지는 서예의 도반들 언제쯤 나의 골수를 얻는 이를 만날 수 있을지!

세계일화 조종육엽 완당 노장의 글씨를 더듬어보는 일은 6조 혜능을 만나는 일이며 왕유를 접하고 선종사를 한 줄에 꿰는 탁견에 두 손 모으는 장엄한 새벽이다. 쓰고 싶어 못 견디는 날 한 작품하여 어느 사찰이라도 걸어주고 싶다.

옳고 그름 안다면 두려움도 사라져

시비가 어깨동무 하네 …

집착과 분별망상이 괴로움이다. 소멸되고 생멸됨을 항상 곁에 두고 살지만 진정 느끼지 못하기에 세상은 시비투성이다. 자신의 주장은 옳고 흑백 진영의 논리는 귀 열고 도저히 들을 수 없고 눈뜨고는 볼 수 없다. 배우고 스스로 지식인이라는 자가 훨씬 큰 도둑이 되는 경우가 세상 도처에서 쏟아내고 있다.

분란만을 야기하는 주장이 옳다 하더라도 이익과 불이익, 권력 앞에서는 손바닥 뒤집기보다 쉽게 한다. 새롭게 생겨나는 사자성어가 자고 나면 생겨난다. 칭찬할 줄 모르는 사람의 불만족은 행복지수가 낮고 남의 말에 꼬리를 달거나 뒤집기만 하는 사람은 악한 감정의 영감이 번뜩이는 것은 아닌지, 만인의 스승 부처님은 총체적 난국속의 시(是)와 비(非)를 어찌 말씀하셨을까 눈에 무엇이 낀 채로 세상을 보고 들을 때 바로 들을 수 없는 전도된 뇌의 인식이 참으로 위험한 것이다. 세상에 헛꽃을 보는 것, 눈 속에 들어간 한 개의 티끌 탓이다.

한가함 속에 세상이 궁금하여 인사동 한 공간에서 그간의 공부를 같이 나누고 싶어 몇 작품 들고 나들이한 작품 중에 한 점이다.

'ㅅㅂㅅㅂㅅㅂ' 표기로 생각을 담아내는데 창작과정이 진행될수록 몇 번 바뀌다 인문학적 사유를 숨겨놓은 의미 있는 작품을 얻었다. 한 작품은 한 권의 소설은 되어야 하고 하루 종일 작품을 설명할 정도는 되어야 한다고 가르치고 있다. 전시장에서 어떤 이도 다가설 수 없어 물어보는 이도 없

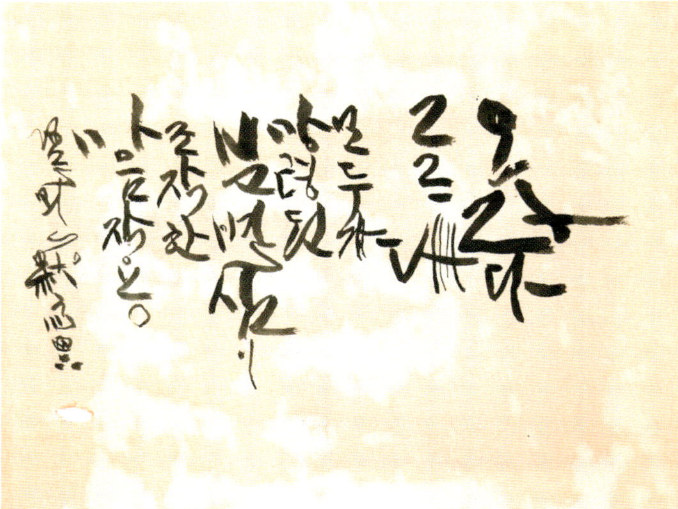

었다. ㅅ은 옳음(是), ㅂ은 그름(非)으로 읽으면 맛깔나게 시비(是非, 옳고 그름)를 노래한 작품 앞에 활짝 웃을 수 있을 것이다.

"옳은 것을 옳다하고 그른 것은 그르다함이 꼭 옳지는 않고 그른 것을 옳다하고 옳은 것을 그르다 해도 옳지 않은 건 아닐세. 그른 것 옳다하고 옳은 것 그르다함 이것이 그른 것은 아니고 옳은 것 옳다하고 그른 것 그르다함 이것이 바로 시비 일세." 난고(蘭皐)선생의 시에서 수준 높은 해학을 느낀다.

세상의 일이 해가 가고 달이 가고 사는 일이 이 속에 있음을 알지만 깨닫지 못하고 산다. 진정 옳은 것도 시비하면 틀려지니 시대 흐름에 매달려 옳고 그름 다퉈 무엇 하리. 세상의 축을 흔들어놓는 작품도 힘든 이에게 따스한 한 그릇의 국보다 목마른 이에게 한 사발의 물같이 화들짝 열어 줄 수 있을까!

변명 같지만 내 공부 부족하여 확연할 수 없다. 아, 한 시대 지식인으로 산다는 것 혼자서 감당하기 힘들다고 절명시를 쓴 선비가 그립다.

작품 속에 시와 비가 어깨동무하고 웃는 형상에서 따스함을 느끼길 바라는 마음이다.

터지는 꽃소식 천지가 화엄이네!

10조9만5048개의 글자

밤새도록 울어대는 개구리의 떼창 오늘따라 더 안쓰럽고 새벽 시골 한지 창을 쪼아대는 새소리에도 계절의 온기가 묻어난다. 눈이 가는 자리마다 화엄이요 장엄이다. 수행 득력으로 얻은 기쁨이 만상의 모든 것으로 꾸미는 일이다.

"대방광불화엄경 10조9만5048자" 아침으로 예경할 때마다 소리가 새어나오지 않는 묘경이 무엇인가 이 무슨 힘인가! 때가 되면 산중마다 화엄대산림법회가 장엄히 열려 뭇 중생들에게 제방의 선지식들께서 새로운 이 시대가 원하는 화엄의 교리를 교설한다.
절대적으로 크고 무변장대하며 작은 것에 비해 큰 것이 아니고 경계가 되고 본이 되며 표준이 되어 불변의 방(方)이며 삼라만상의 모든 진리를 수용하였다. 세상사 우주를 깨달아 수직과 수평 원과 사면체 시공을 뛰어넘은 절대적 깨달음을 연민의 정으로 보현행원의 회향하는 오매불망의 마음이 녹아있다. 만법을 일심으로 밝히고 마음 부처 중생이 셋이 아니라는 보살행은 모두가 나의 부처님의 사상으로 귀결된다.

그물망처럼 이어져 겹겹이 섞이고 무궁무진한 조각으로 점철된 관계속의 관계는 이 세상이 오직 하나의 통속 변주임을 알 수 있고 인드라망 공동체의 세계관을 알 수 있다. 곧 법계연기와 무진연기, 자장, 원효와 화엄종 정수인 의상대사 고려의 균여, 의천 등으로 이어지며 선종사상으로 흡족되어 한국불교사상의 핵심을 이루고 있다.

대찰에 들릴 때면 해동 초조(初祖) 의상의 일승법계도를 만날 수 있다. 의상의 7언 30구의 게송 210자를 그림으로 나타낸 법계도(해인도)를 접한다. 이름에만 집착하는 무지한 중생들로 하여금 이름마저 없는 참된 근원으로 돌아가기 위함이라 밝힌 의상대사의 간절함이 법(法)자로 시작해서 불(佛)자로 끝나는 이 귀묘한 가르침에 따라 들다보면 오직 한마음으로 귀결된다.

"10조9만5048자 일승원교 대방광불화엄경" 부르고 부르지만 깊은 간절한 절절함에 문자도 언어도 끊어진 법계 상의 도리를 어찌 알 수 있을까? 붓끝이 터져도 끌고 갈수만 있다면 정신보다 먼저 작품이 되어버리는 '화엄'이란 글자, 낡은 화선지에 작게 써놓고 앉은자리에서 올려보면 사사무애법계에 들어야 작품도 형상도 정신도 넘어 설수 있다는 생각에 갇히는 늦은 오후이다.

오래전 노선사께서 화엄이라고 쓴 작품, 형상은 사라지고 정신만 남은 글씨가 보고 싶다. 비뚤어져 꼬인 심사로 누워있는 붓에게 화엄도리나 물어야겠다.

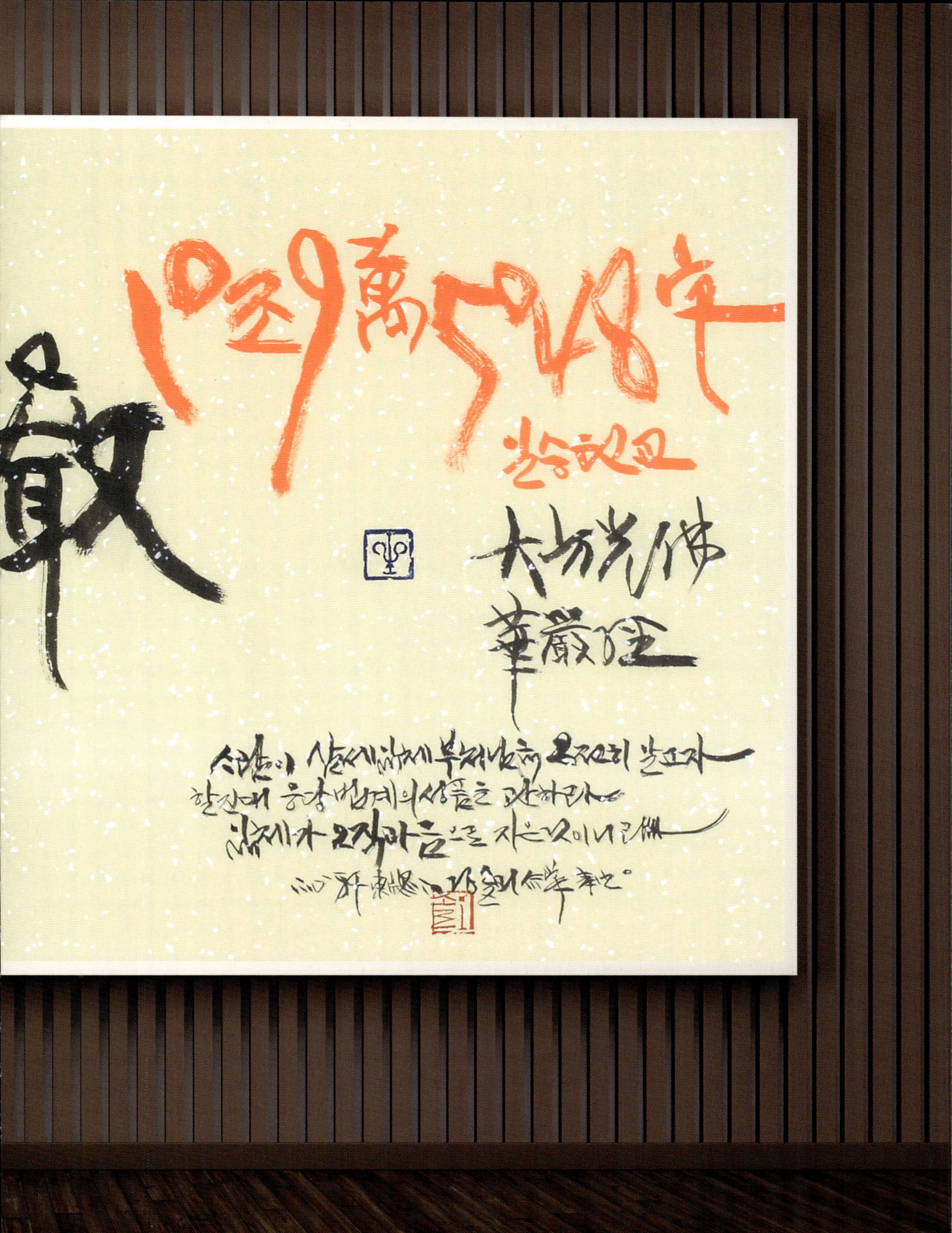
大方廣佛
華嚴經

양극단을 버리는 위대한 바라밀

생에도 멸에도 집착하지 말라

수행과 깨침의 종교, 불교는 과학이 아니면서 과학과 배치되지 아니하고, 철학 그 자체가 아니면서 철학을 넘어서며, 문학이 아님에도 깊은 문학성을 품고 있다는 글귀가 나를 끌고 있다.
불교는 삶에 대한 근본적인 질문에 자세히 답할 수 있는 절대적인 지혜를 갖추고 있다. 이 위대성에 첫 단추에 오를 수 있는 것, 극단을 떠나 바른 길로 가는 것이 "중도(中道)"이다.

부처님께서 깨달음을 얻으신 후 초전법륜에서 중도를 깊이 설하셨다. 백일법문에서 퇴옹 큰스님께서는 유(有)와 무(無), 생(生)함과 멸(滅)함, 상대적 두 극단에 집착하지 않는 것이며 붓다의 45년 일생이 곧 중도 실천의 길임을 증명하셨다.

얼마 전 일이다. 깊은 산중에 독살이하고 계시는 스님을 찾아뵙게 되었다. 20여 년 전, 대나무 붓으로 "쌍차쌍조(雙遮雙照)를 휘호한 작품을 나를 위해 때 묻은 족자를 거풍하여 산중차실에 걸어놓은 대련(對聯)작품이 환하게 맞이해 주었다. 부끄러워 크게 웃었다. 이런 일은 참으로 고맙고 기쁜 일이며 글씨 쓰는 보람중 하나이다. 스님께서 일체 차별심의 양변을 버림이 쌍차이며, 양변이 융합하여 중도 원리가 드러남이 쌍조라 하심이 생생하다.

양극단을 버리는 바라밀, 사는 일에 이것만 해결되면 무엇이 문제이겠는가. 글씨에서도 좋은 획은 한쪽으로 지우치지 않고 붓끝이 획의 중심에 있는 중봉(中鋒)의 획이어야 한다. 이 또한 중도(中道)적 삶만큼이나 쉽지 않다.

시간 속에 갇힌 인생

내일은 그저 '내일'이란 글자일뿐

시계 속에 있는 시간 속에 갇혀 지금까지 왔다.

시간이라는 속물에 갇혀 내 몸도 길들어져 있다. 작품을 쓰기 전 시계를 보고 시간에게 약속을 하는 버릇이 생겼다. 몇 시 쯤 끝낼 수 있을 것이라는 나와의 주문 같은 약속에 묘한 일이 일어난다. 해가 뜨고 지는 과정을 꼭꼭 점찍어 놓은 한자의 시(時)라는 글자 태어남이 있듯 우리 모두에게 죽음이라는 시간은 꼭꼭 점찍으며 분명히 온다. 우리는 날마다 시간 속으로 죽어가고 있다. 절대 절명의 진리인 것이다. 신도 바꾸어 놓을 수 없는 명제 앞에 어떠한 인간도 겸손 할줄 모른다.

〈금강경〉에 너무나 좋아하는 구절이고 몇 번이나 작품으로 남겼다. "과거의 마음도 현재의 마음도 미래의 마음도 찾지 못하고 얻을 수 없다." 작품은 휘호 당시의 마음으로 얻어낸 귀한 보배이다.

시간의 통념 속에 있는 내일은 그저 내일이라는 문자일 뿐이다. 오지도 않는 시간 앞에 울고 희망하고 좌절한다. 시계 속에 시간은 죽은 시간이다. 선하고 가슴 푸근한 사람 속에 안기듯 가끔씩 산사(山寺) 속에 스스로 가둔다. 사는 일이 늘 혼자만의 공간과 시간 속에서 자락하고 절집보다 더 적막한 곳에서 생활하지만 욕심 없이 한 생각 젊어지고 스스로 젖어든다. 새벽을 알리는 낮은 종성과 도량석에 맞추어 문고리 잡고 댓돌위에 벗는 신발마저 성스럽다.

과거심도
現在心도
미래심도
不可得

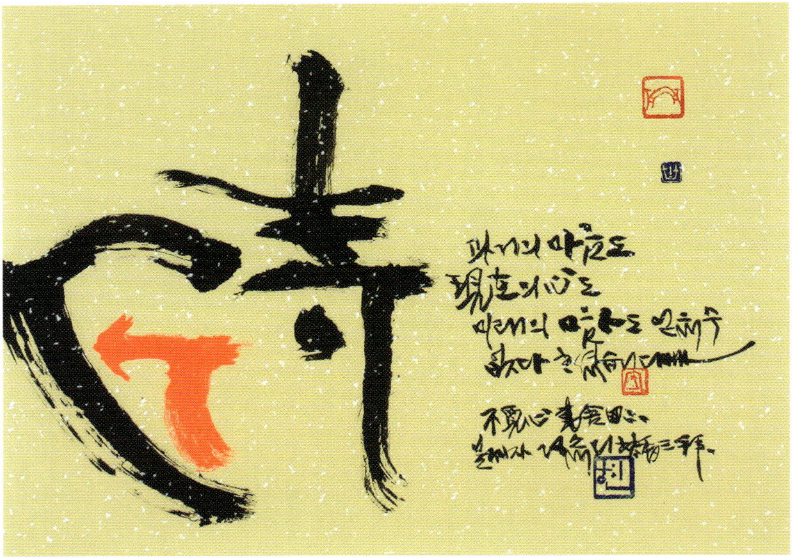

예불문의 구절이 또렷이 빛나고 가슴은 괜히 들썩인다. 새벽이 주는 밝음의 무게보다 새벽 시간이 주는 지엄한 시간 밖의 도리에 갇힌다. 이 물건처럼 냉정한 것도 없다. 정신없이 살면서 근래에 가장 시간의 중요성을 느껴 본적이 언제이며 숫자 밖의 시간을 살아 본적이 있는가 묻고 물어본다.

한마음 갇혀 찾을 수 없고 실체가 없는 한 물건에 저당 잡혀 과거, 현재, 미래가 혼재된 세상 속에 오직 이 마음이 머무르지 않는다면 조물주가 빠르다한들 나를 어찌하겠는가!

내가 흐르지 않으면 시간도 흐르지 않는다. 시간의 주체가 내가 되어야 하고 시간 밖의 삶을 살아야 한다고 간곡히 말씀하시지만 어쩌란 말인가!

이 순간을 잡는 것이 가장 완전한 삶이다. 이 순간 앞에 긍정적으로 순화되고 두루 원만함이 부처의 행을 따르는 불자가 갖추어야 할 덕목이다. 정처도 없는 시간은 무겁고 무섭다 시간 속에 매달려 살면 농익은 시절 맛도 알 수가 없다.

우리 모두는 시간을 지배하고 넘어 설 수 있는 완전한 완전체이다.

유아독존

나는 나로서 완전하다

세상에 완전체로서 오직 하나뿐인 나는 나로서는 온전하다. 먹고 자고 생각하고 울고 웃고 늙고 병들고 이 얼마나 귀한 물건인가. 육신이 구성되고 정신으로 채워졌다지만 남과 견주어보면 부족함이 있다 할 수 있겠지만 누구도 어찌할 수 없는 나인 것이다.

부처님의 탄생이 전해지고 있다. "삼계가 고통 속에 있으니 내가 마땅히 평안케 하리라" 붓다의 혁명적 선언은 인간의 평등과 존귀성 자주선언이다. 오른손가락은 하늘로 왼손가락은 땅으로 향하고 일곱 걸음 걸으시면서 하셨다는 말씀에 대한 해석이 이웃종교에서는 분분하다. 울림이고 진통이며 때로는 거역할 수 없는 역풍을 맞기도 한다. 독존, 독선적인 선언이라면서 '붓다만이 최고 붓다만이 진리'라는 편협적 해석을 내놓는다.

우리는 고통을 가불해 살고 있다. 삶의 고통은 어디에서 오며 이 물건의 실체는 무엇인가! 탐심, 진심, 치심이다. 라고 근래에 스스로 정의 내려 보기도 하였다. 이 모두는 무지가 원인이며 바르게 볼 수도 사유 할 수 없는 탓이다.

부처님은 생로병사에서 대중을 건질 것이며 중생 자신이 이미 완전한 부처임을 자각하여 무명 업식을 벗어나게 하는 사다리이며 깨어나게 하셨다 두려움, 고통을 작금의 시대에서 통제 없는 삶의 불충족으로 스스로 다스리지 못해 허우적거리며 인간의 몸을 받은 존귀함도 모른채 사람답지 못한 생을 살다 깃털처럼 가볍게 생을 마감한다.

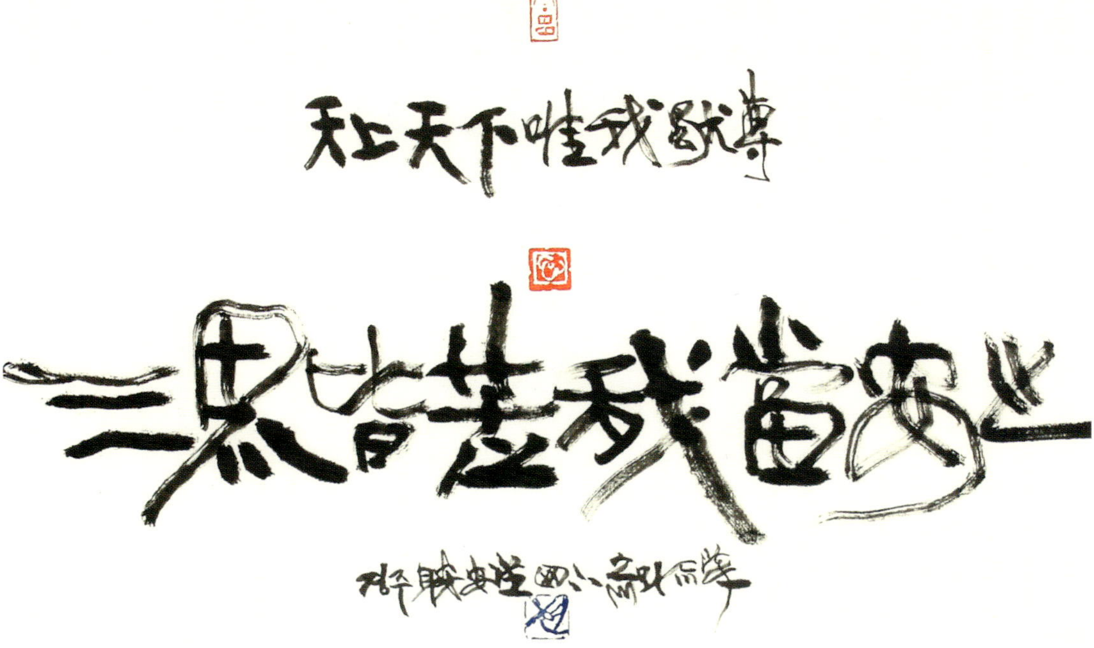

근원적인 길을 열어주신 부처의 가신 길을 따라 행하다보면 전도된 몽상은 사라지고 참다운 자신을 만나게 될 것이다. 자나 깨나 학습하고 수행하여야 좁은 길에 들 수 있고 가시에 찔리지 않고는 향내 나는 꽃밭에 이를 수 없다. 산다는 건 어떤 것과도 관계 지어져 있고 인드라망처럼 얽혀있다. 쉬운 일은 아니지만 관계 속에서 생긴 일들은 관계를 끊어버리며 말끔히 사라진다. 복잡한 방이 좁아 보이는 것은 짐 탓이지 방의 넓이가 아니듯 방석 한 개만 놓은 방은 커 보일 수밖에 없다.

부처님은 종교인도 철학자도 아닌 수행자라는 말이 나에게 울림이 된다.

자유자재하여 초월 할 수 있도록 가르침 주시는 그 분, 오직 눈만이 깊은 우물 속에 별과 같이 빛나는 고행상이 떠오른다. 산사에서 관불하던 기억이 새롭다. 당당하신 모습과 사자후에 귀가 먹지 않아 천만다행이다. 내 글씨에도 나와 남의 고통을 덜어주는 편안하게 하는 힘이 언제쯤 생길까 붓에게 차 한 잔 대접하고 절이나 올려야겠다.

어찌 따로 법을 구하겠는가?

일심은 따뜻하고 넉넉한 마음

첫새벽 참으로 명징한 단어이다. 말하는 순간 머리가 개운해지고 문자로 담아낼 수 없는 중량감이다. 나의 생각을 누르고 있는 전부가 원효대사로 귀결되기 때문일 것이다. 한사람을 만난다는 것은 사람이라는 형상보다는 사람의 철학을 만나는 일이다. "한 사람이 오고 있는 것은 한사람의 일생 전부가 오고 있는 것이다." 말하지 않았던가! 한사람의 죽음은 깃털처럼 가볍고 어떤 이는 태산같이 무겁지 않던가! 첫새벽 원효께서 가신지 1500여년 "마음밖에 법이 없으니 어찌 따로 법을 구하겠는가! 오직 한마음 (一心)이다"라고 설하시는 목소리가 황룡사지에 박혀있다. 일심은 따뜻하고 넉넉하고 한마음이며 무량한 광대심이다.

고정된 관념을 벗어던지고 날마다 열리는 새날, 새 길에서 열쇠를 찾고 새로운 인식의 전환이 필요하다는 첫길을 환희 열어주셨다. 원효성사를 가까이에서 뵙고 살고 있다. 분황사에 저녁예불, 선도산 일몰이 장관인 황룡사지 금당에 기댄 채 들뜸과 무지로부터 깊은 상처와 애환을 다독거린다. "이 세상은 오직 마음먹기 나름이요, 모든 법은 오직 인식하기 나름이다." 첫새벽 원효, 고정된 틀을 내버리고 새로운 길 나서는 그 자리에서 자신만의 길을 찾고 개척하는 과감한 인식의 변화가 있어야한다고 새 길을 열어주셨다.

진솔하고 바른 견해의 자기비판과 냉정한 자기 부정이 선행 되어야하고 바른 한마음이며 큰마음이 필요하다. 오탁악세 속에 있어도 물들지 않고 불속에서 다시 살아나는 연꽃 같은 삶을 사신 원효는 차안에서 피안으로 실어 나르는 도피안의 건널목이 되었으며 '금강삼매경론'과 '대승기신론소'의 광대한 저술은 용수와 마명만이 짝할 수 있다.

첫새벽을 통해 불제자는 수행 정진하여 사회 속으로 돌려내고 위로는 보리(깨우침)를 구해 중생구제하고 자신마저 넘어서는 거래 없는 보살의 회향심을 깨달아야한다. 분황사 팔정도의 우물 앞에 대충 다듬어진 석조에 영원한 원효의 사상을 알리는 '화쟁(和諍)'이라는 추사 글씨가 새겨져있다.

돌에 새긴 금석문은 시공간을 초월한 채 입 다물고 이 시대를 지켜보고 안아 길 밝히며 평안과 부쟁을 기원하고 있다. 불교계에도 열반에 드신 어르신들께만 답을 찾기보다 원효, 임제선사 마저 넘어서는 제자들이 출현하여 신 새벽을 열어야한다. 제대로 된 스승의 주먹이 절실하다. 누가 그 자리에 설 것인가! 붓글씨 계에도 신 새벽이 나타날까!

은근히 내가 되고 싶을 뿐이다. 웃음이 나온다. 이번 생에는 안 될 것같다.

본래 텅 비어 공한 것이고 없는 것임을

문자를 넘어서는 '자기초월'

산다는 일이 늘 헛발질이다. 남들이 만들어 놓은 틀, 스스로 정의와 상식이라고 정해놓은 분별할 수 없는 현실 앞에 묶이고 혼돈의 경계에 빠져 허우적거린다. 몇 줄의 지식도 예술론도 마찬가지다. 독서도 어쩌면 남들이 남겨놓은 냄새나는 찌꺼기 일 수도 있다. 나라고 단정지을 수 없는 나에게 너무 많은 것과 좋은 것을 입히고 주기도 하고 얻어낼 것을 기대한다.

아(我)는 실체이며 영원한 존재론적 고정 실체가 없다는 것을 불자들은 교리 첫 시간에 배우고 변하지 않는 것은 그 무엇도 없다고 새긴다. 석가모니께서 설파한 위대한 가르침의 무아사상은 고정된 자아의 부정이다. 고정되고 묶일수록 고통은 늘어난다. 나라고 고집할 때 내 것이라 내세울 때 고통은 따르고 나를 떠난 인식과 존재론 속에 살 때 세상은 두루 원만하고 아름답지 않은가! 중학교 한문시간에 배운 글귀 "내가 하기 싫은 일 남에게 시키지 말라"라는 글귀와 역지사지 할 수 있는 수행인의 자세는 나를 넘어서는 가장 기초적인 단계인 것이다.

나태, 안주, 교만이 본래 순진한 나의 수행력을 나태 시킨다. 점과 선 평면 입체로 구분되는 예술작품도 통제를 위한 지식이 규정해 놓은 제약이다. 한 점 속에 선이 있고 평면도 입체도 창작해내는 핵심 요체인 것이다. 바로 정좌한다는 것이 또한 한 점을 제대로 놓는 것이며 한 점 속에 수미산도 우주도 삼라만상의 호흡도 그 속에 다 있다하지 않았는가!

거풍을 며칠간해도 오래된 냄새가 나는 책 속에서 몇 글자를 얻었다. 눈에 불을 켜고 자전 속에서

찾아낸다. 내가 선택한 황홀한 노동이다. 고정된 문자형상이 박살나버리는 은산철벽이 와르르 무너지는 순간이었다. 바지 걷고 기른 머리카락 날리며 덩실덩실 춤을 추었다는 연암산 아래서 태평가를 부르시던 그 어르신이 떠오른다.

볼 관(觀)에 마음 심(心)을 합친 글자가 공(空)이며 법(法)에 공(空)을 합친 글자 없을 무(無)라니 나의 공부는 도대체 무엇 했던가? 온몸이 신열 나고 팔만사천개의 모공이 열리고 365개의 뼈마디가 소통하는 그 기쁨 어찌 나눌 수 있을까? 입이 있는 자는 말할 수 없고 귀가 있는 자는 들을 수 없다. 서예술은 문자를 넘어서는 자기초월 이어야 한다.

팔만대장경의 말씀을 두 자로서 명료하게 정의 할 수 있어 하늘 아래 첫 작품, 그 순간의 느낌은 지금도 생생하다. 붓만 들면 문자의 감옥에 갇히고 노예가 된 지금의 나이지만 이것과 저것의 논리마저 수용되고 하나 되어버린 세계 그 자리에 들고 싶다. 언제쯤 무심의 마음마저 비운 우연이라는 지경 속에 법마저 떠난 글씨를 쓸 수 있을까! 간절한 기도와 수행 늘 두렵기만 하다.

금강권 율극봉 어쩌란 말인가?

먹물 같은 마음, 언제 맑아질까

뜨거운 문자를 만나고 매운맛, 신맛, 짠맛, 떫은 맛 나는 문자를 붓으로 작품으로 소화하려면 아랫도리 힘이 쭉 빠진다. 무겁고 무서운 문자가 나를 뚫어지게 쳐다본다. 밀리면 쓸 수 없다. 끌어안고 차근차근 속내를 만지다보면 한 호흡 멈추고 마음으로 헐떡이던 마음도 제자리를 찾는다. 고봉원묘화상의 선요에서 금강권 율극봉(金剛圈 栗棘蓬) 이라는 문자를 접하고 너무 기뻐 붓을 들었지만 한동안 막혀 속으로 울었다.

금강권은 "철위산보다 강해서 뚫기 어려운 울타리이고 율극봉은 대해수보다 마시시가 어려운 밤가시이다. 이것을 기어코 삼키고, 뚫고자하여 평생기량을 다해서 지어나가면 자연히 깨달을 것이다"라는 문장이었다.

삼키기도 내뱉을 수도 없는 절대절명의 불가능한 것을 분별망념으로는 이를 수 없는 문자 밖의 언어와 생각으로 다가갈 수 없는 경계를 열어 보이고 있다. 터진 붓이 먹물을 삼키듯 쩍 마른 들판이 빗물을 안아 들이듯 하지 않고 견디지 못하는 때가 올 것이다. 뱀을 잡는 고양이처럼, 들쥐를 사냥하는 2마리 까치의 집념을 살펴 배워야한다. 가끔 작업실에서 "글씨공부도 이제 좀 알 것 같습니다"라는 동문 학인(學人)의 한마디에 나태심이 싹 사라진다. 나의 비결은 칭찬과 참고 기다려주는 긍정적 마음과 감사함을 가장 밑바닥에 두고 있다. 그 얼마나 귀한 인연인가?

팔자를 고치는 일 중에 스승과의 인연도 있지 않든가. 나를 만나기 전에는 이렇게 큰 붓을 들어 본

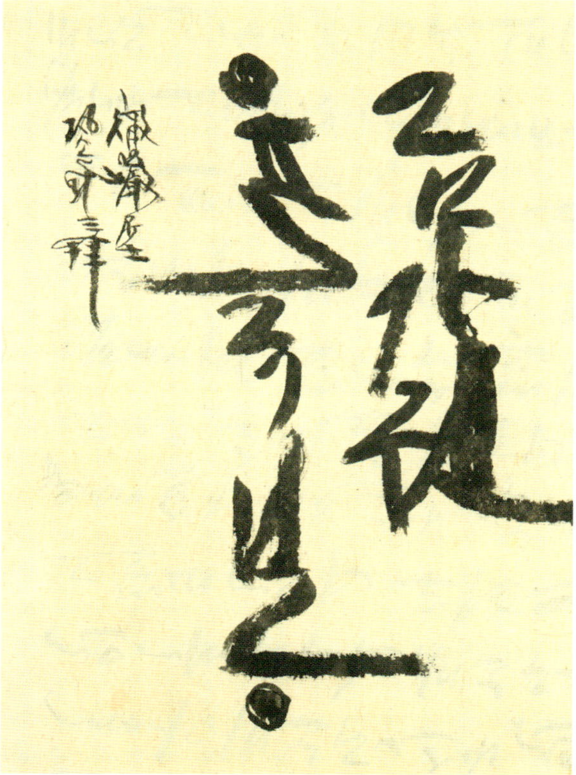

적 없던 그들에게 무엇을 바라겠는가! 어설픈 붓이 일어서고 비틀어진 획이 바르게 보이는 그날까지 그들 곁에서 무심히 다독거리고 상구보리, 하화중생심의 마음으로 지켜줄 뿐이다. 수행에는 고요한 마음과 깨끗한 정신 무한 긍정을 요구한다. 또한 변하는 것이 사람의 속성이겠지만 참 쉽지가 않아 속이 시커멓게 썩어 내린다. 이래도 가르침을 해야 하는지 자문하지만 내가 이 세상에 돌려줄 것은 단지 이것 밖에 없다고 믿고 성심을 다해본다.

"이 무슨 도리일까. 의심의 덩어리를 토해내지도 삼키지도 못하는 이 극단에서 큰 깨달음의 자리로 가게 된다. 한 작품 길게 벽에 걸어놓고 개가 뜨거운 기름 솥을 보고 있는 것처럼 어쩔 수 없는 한계 앞에 흩어진 마음을 순일(純一)하게 세운다. 거북이 등에 털 나고 토끼도 뿔이 나듯 내 붓대에도 꽃이 피겠지. 퇴굴심 없는 마음을 가져갈 것이다. 칠흑을 깨는 새벽이올까 짙은 먹물보다 더 검은 내 속마음 언제나 맑아질지. 눈을 부릅뜬 6자 글씨 금강권 율극봉"에 눈이 먼다

다만 홀로 나의 마음?

오시게나, 차 한 잔 합시다

평생 마음 열고 살아가는 사람이 몇이나 있는가! 살면서 친구가 많아야 한다고 하지만 나의 욕심이 넘쳐서 그런지 사실 가까이 두고 많은 사람을 두고 살지 못하는 것이 현실이다. 말도 안 되는 욕심이겠지만 머리 기르고 살면서 동갑내기 스님 한 분 알고 지내면 좋겠다 라고 생각한 적은 오래전 부터였다.

이 공부하다보면 추사 어르신은 평생모실 수밖에 없고 느긋이 차 몇 잔 올리고 싶다. 내 글씨에 아직 부족함이 많지만 칠십 평생에 나는 10개는 밑창 냈고 붓 천 자루를 몽당붓으로 만들었네"라고 하신 추사어르신과 "잘못 알고 있는 부분 바로 깨달음의 자리"라는 맵고도 무서운 말씀을 하신 대흥사 일지암의 다성(茶聖) 초의선사, 두 분은, 나이30세에 평생 놓지 못하는 승속의 교유, 스승이자 도반(道伴)이 된다. 42년간의 우정을 가르침과 깨우침을 주고받는 초의스님과 추사의 도반의 관계, 다산어르신도 아함혜장 선사도 소치 허련도 다산의 아들들도 끼어들지만 두 사람의 관계는 다가설수록 설명할 수 없는 묘처에 이르게 된다.

추사의 불심은 화암사(華巖寺)의 원찰에서 훈습되며 부친 경상감찰사 시절 해인사 팔만대장경 보수시 대적광전의 상량문을 32세에 쓴다. 봉은사의 판전(板殿)은 열반에 드시기 3일전의 글씨, 사사무애법계와 무념, 무의, 무상의 경지를 나투고 천진난만한 글씨, 미운 다섯 살 아이의 느낌이다. 자우산방(紫芋山房) 주인 초의스님의 무욕의 삶과 자연과 하나 되는 차(茶)의 생활은 81세의 입적까지 한결 같았고 다신전(茶神傳)과 동다송(東茶頌)은 조선의 완전한 다서(茶書)이다. 중국 한

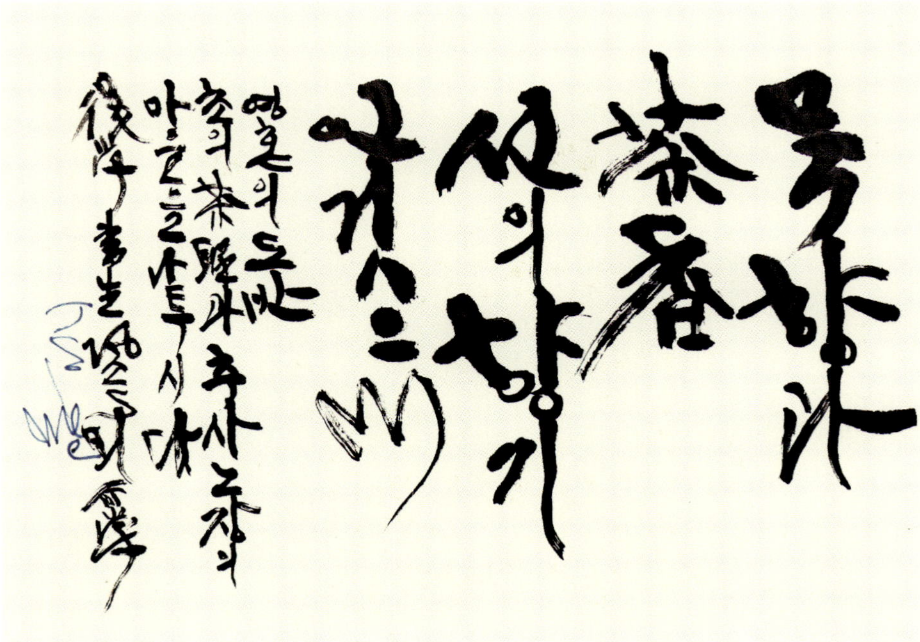

산선사의 선시에서 “뱁새는 언제나 한마음이기에 나무 한 가지((一枝) 끝에 살아도 편안하다”에서 일지암(一枝菴)이라 이름한 차실, 정겨운 사립문에 대나무 빗장 걸려있고 감로수는 대통에 흐르고 제자 소치가 그린 영정에는 자비와 차향이 묻어난다.

수천백겁 함께 맺어진 인연 두 사람, 세월 앞에는 어쩔 수 없었다. 추사는 71세에 초의선사보다 10년 앞서 운명을 달리한다. 추사가 없는 초의의 삶, 애걸복걸 차를 보내라고 조르지도 않고 좋은 글씨 한 폭도 받을 수 없으니 이 슬픔의 어찌 알겠는가! 2년이나 지나 찾은 늦은 조문이지만 “온천지 사람이 모두 알지 못한다 해도 다만 선생만이 홀로 나의 마음 알아주시겠지요! 흠향하소서”라고 쓴 영정 앞 제문의 구절에서 가슴이 저민다. 초의선사에게 목 맺힌 인사를 건넨다.

오시게나, 차 한 잔 합시다. 다독거리는 마음 들린다.

한 말씀 꽃이 되다

수준낮은 말이 사라지면 정토

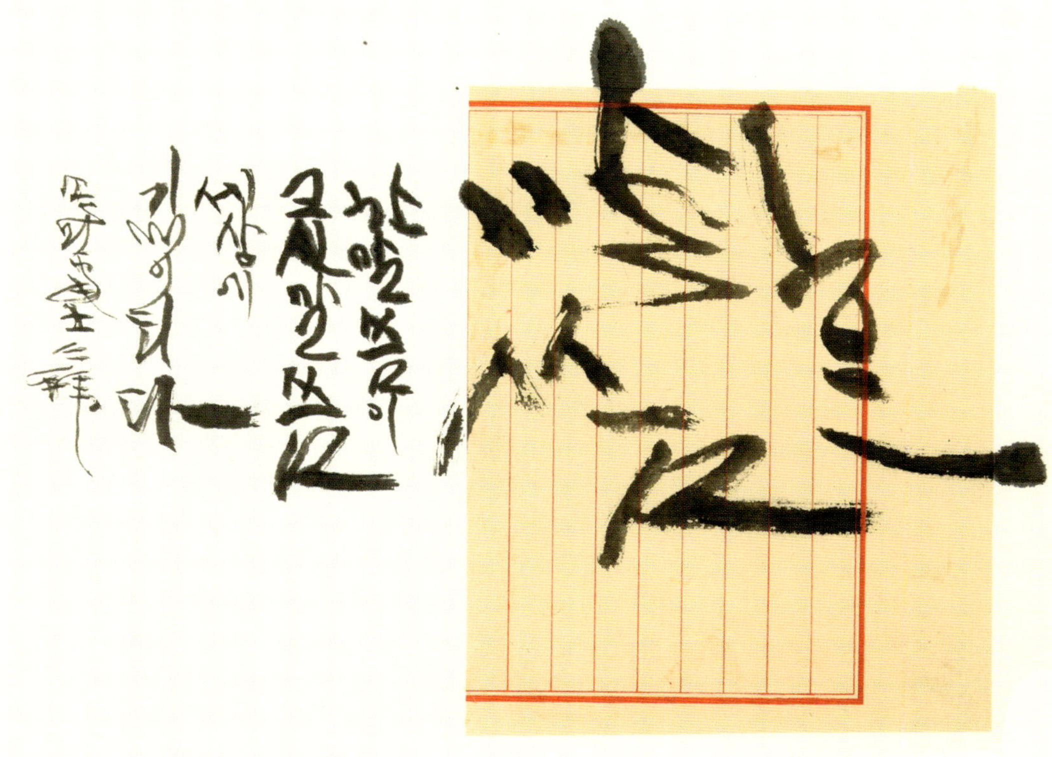

세상은 말잔치이다. 철이 되면 말의 공해 속에 견디기 쉽지 않다. 〈천수경〉에서도 거짓말, 꾸밈말, 이간질 하는 말, 악한 말을 하지 말라고 적고 있다. "세상에서 가장 악한 것을 찾아보라, 세상에서 가장 선한 것을 찾아보라"고 하였다. 깊이 새겨볼 일이다. 답은"혀"이다. 말조심하라고 정중히 가르치고 있다.
독하고 심한 말투에 하는 사람은 물론, 듣는 사람마저도 명치끝이 에이고 뼈가 상하고 골수가 마른다. 사이비 언론인, 사기꾼 같은 지식인, 인기인(?)의 몰지각한 말, 패널들의 수준낮은 말들이 사라지면 정토가 될 것 같다

활력미와 세련이 넘치는 유머감각과 상대방에게 따스하고 편안하게 말을 하는 능력은 내면의 성정을 다스리는 학습을 병행해야 한다. 하고 싶은 말을 짧게 하는 것보다, 참는 것이 좋을 때가 한두 번 아니다. 말과 말 사이에는 침묵의 시간이 있다. 그 시간만이 진정한 말의 자리이다. 이 시절에 부처님께서 나투신다면 무슨 말씀을 하실까! 꽃 한 송이 들었다 놓았다 웃고 계신다면 그 말씀을 받아 적고 알아차림 할 수 있는 이가 얼마나 될까! 붓다께서는 끝내 "다시 설(說)할 것은 아니고 한 말씀도 하지 않았다"고 하셨다.

문자에 집착하지 말고 마음으로 체득하여 내면의 깊은 자리에서 나오는 상념을 여물게 다져야 한다. 가끔 좌복에 아프게 앉아있으면 이 생각, 저 생각이 안과 밖 틈새에서 새어나온다. 실체가 없는 망상 덩어리가 수미산보다 높다. 최고 수승한 가르침의 단계는 선생이 한 자(字)도, 한 말씀도 가르쳐주지 않아도 빛나는 이심전심이다.

선가에서 "원앙새 수놓는 것은 남에게 보여줄 수는 있어도 바늘은 전할 수 없다" 하셨다. 말로서 전할 수 없는 그 자리에 심오한 가르침이 있다. 부처님의 한 말씀마다 물이 고여 꽃이 피고 열매 맺혀 2500여년 지났건만 생생한 말씀은 녹슬지 않았다. 붓다의 말씀은 꽃이 되고 열매가 되고 향기가 되고 법이 되었다. 가엾이 여기는 마음은 뿌리가 되고, 상냥한 말씨는 줄기가 되고, 참는 마음 넝쿨가지가 되고, 보시는 주렁주렁 열매가 된다.

참된 설법은 설함이 없고 드러내지도 않는다. 전한 바 없는 전함을 받아 쥐고 마음으로 주고받는다. 큰 소리는 희미하고 큰 골짜기는 그저 멍멍할 뿐이다. 예술에는 말이 필요 없다. 작품이 전부이고 본래자기이며 자기고백이다. 말없는 말로 말을 나누는 아름다운 영적 신묘한 자리이며 수행에서 얻어낸 득력의 묘심(妙心) 일 뿐이다.

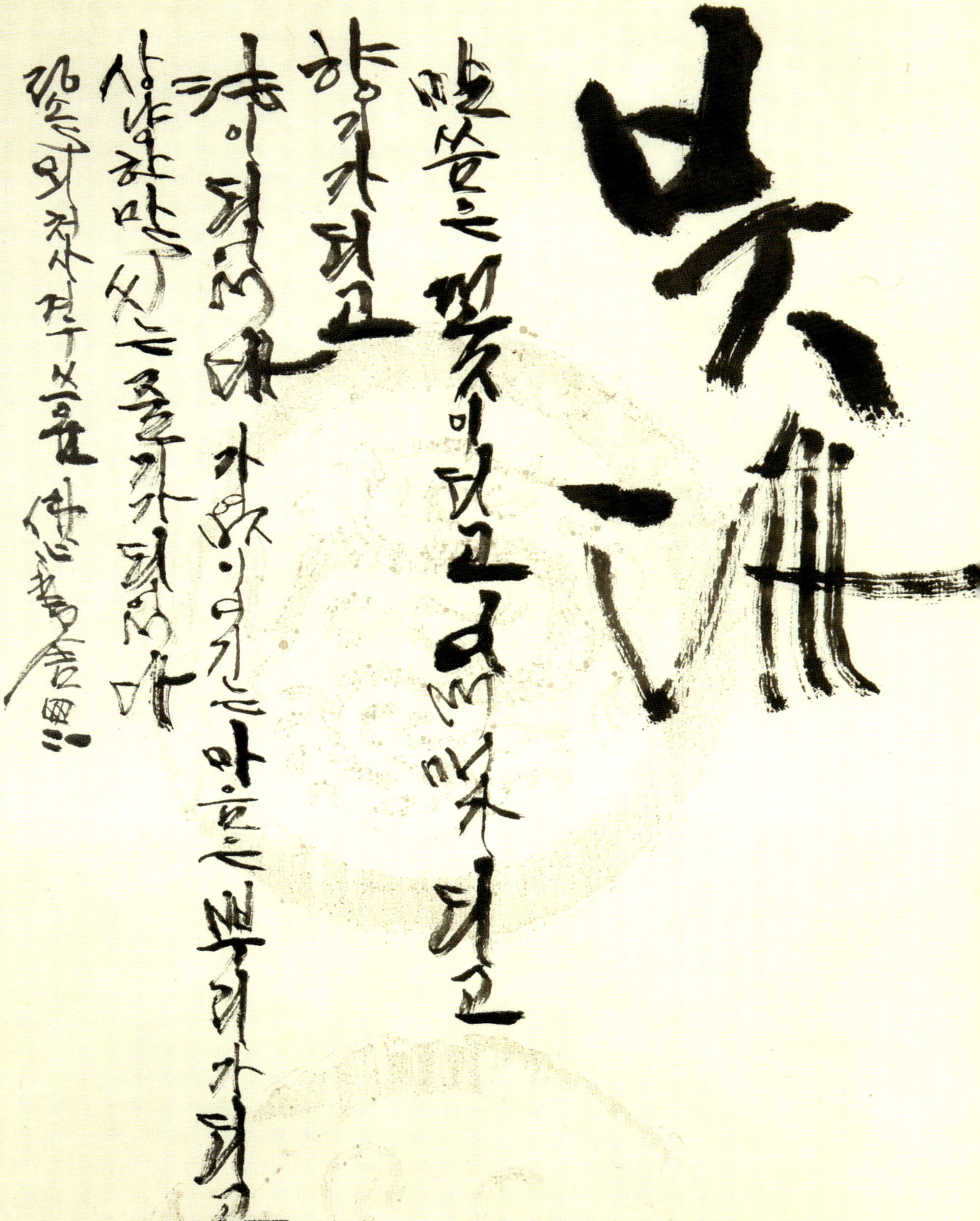

12344321 어찌 읽을 것인가?

미워하지 않고 살기 쉽지 않아

한 생을 산다는 것은 한 생을 억지로 견디는 일이다. 인생은 극복해야 할 대상이아니라 문수의 대바라밀과 보현의 대보살행을 살아가야하는 위대한 것이다. 어느 시인은 나를 키운 8할이 바람이라하였고, 어느 축구선수는 자신을 키운 8할이 아버지라 했다. 나를 키운 8할은 무엇일까 하고 한참 생각해보았다.

몇 년 전 일이었다. 나만의 흔적을 위하기보다 세상에 경계가 되고 잣대가 되고 싶어 몇 년 준비하여 공부의 한계를 열어놓고 스스로에게 묻고 답을 구하고 관람자의 다른 엉뚱한 견해가 가끔은 내 작품을 저 높은 곳으로 끌어주기도 한다. 이럴 때는 두루 시방에 계시는 선지식을 모시고 사는 것임을 자각하여 한량없이 고맙고 기쁘다.

이런 낯선 해석으로 몇 작품 얻게 된 적이 솔직히 있었다. 이 작품도 몇 트럭 분량의 스토리가 있다. 이 시대가 말이 많지만 글(文)과 말(言)이 아니고는 속인들의 정신 세상을 내놓을 수 없어 팔리지도 읽히지도 않는 작품과 책이 쏟아지고 있고 나 또한 재활용마저 불가한 잡다함을 드러내고 있다.

요즘은 거의 보내지 않지만 내가 좋아 전시하면서 반갑지 않을 초대장을 보냈다. 몇 년 전 200여점의 작품 중에 "4321"이라고(70x200cm) 큰 작품이었다. 고명하신 스님께서 이 작품 앞에서 나도 아는 작품이 있다고 하시면서 큰 소리로 "4321"이라 읽었다.

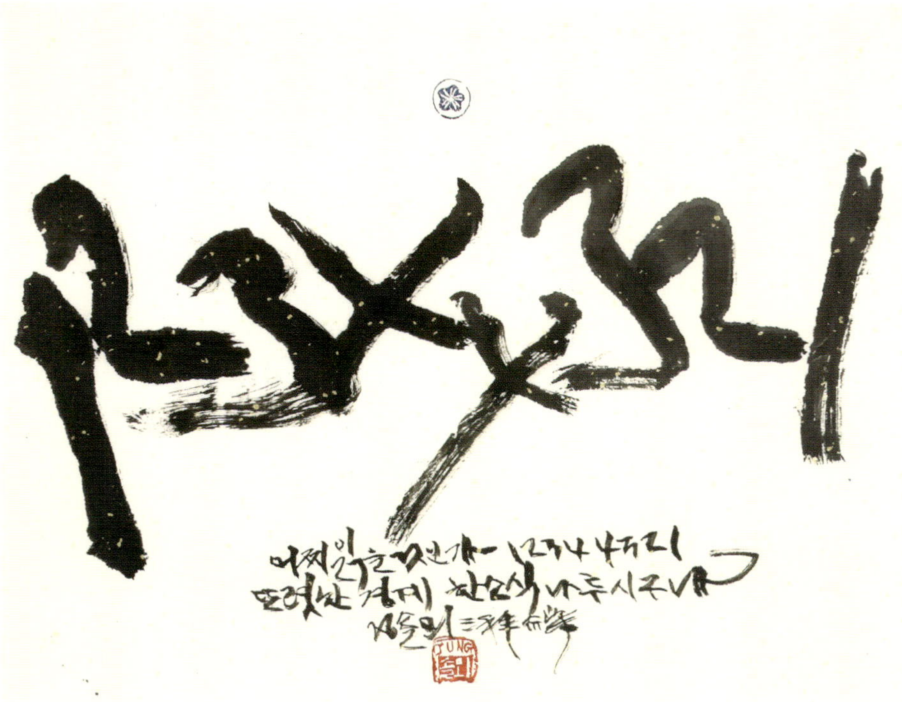

고봉의 〈선요(禪要)〉에서 얻은 "역경계와 순경계"를 드러낸 회심의 작품이었다. 읽는 사람에 따라 "1234 또는 4321"로 읽혀지는 묘한 공부처를 드러내놓았다. 내 마음의 경계가 한 작품에서 드러날 수도 있다는 생각이다.

사는 일이 내일이라는 치장된 희망의 단어로 희석되지만 미래심은 불가득이라고 불제자는 알고 있다. 종교로부터 자유로울 때 순수한 종교의 본질에 다다를 수 있다. 많이 가진다는 것은 그 만큼 그를 묶어놓는 것들이 많다는 말이며 같은 크기라도 방이 넓어 보이는 것은 빈방, 텅 비움이 주는 현상이다. 누군가를 미워하고 싫어질 때의 감정이 "4321"이었다면 그 마음을 "1234"로 새기면 바로 산중 도인과의 찻 자리, 선경이 될 것이다.

아무도 욕하지 않고 미워하지 않고 살긴 쉽지 않다. 내가 사는 시골마을에는 성자가 많다. 논에 물을 대는 일에는 얼굴빛이 달라지는 것을 본다. 소로우는 "월든"에서 2년2개월 생활 속에 들 때는 학생이었고, 나갈 때는 스승이 되었다고 했다. 4321의 감정을 1234로 보는 지견이 열렸나보다.

문 없는 문
벽관, 9년 면벽
본래 자리는 어디인가?
공한 자리, 나는 모른다.
달은 손가락 끝에 있지 않다.
밝은 달 떠올라 산새들 울리고
불사선 불사악
진감선사 비문
주인공
행복하십니까?
나는 누구인가
법희선열
7언 30구 210자
“응”이라는 무한한 긍정
여래는 무엇이라 부르나

문 없는 문

무지의 빗장을 걷어내야 삶은 그저 기쁨인것을

선물 받은 하루라는 물건 받아 쥐고 아침도 깨어있어 예경할 수 있음에 환희한다. 사는 것, 살아 있는 이 아름답게 눈물 나는 이 하루라는 문 앞에서 어찌 할 줄 몰라 지쳐있는 마음을 끌어올린다. 항상 사는 일이 "열고자 하는 문과 닫으려는 문의 경계에서 서성거린다. 모든 문은 시작과 끝을 알린다. 나는 너의 문이고 너는 나의 문이라고" 시인은 적고 있다.

문이 없다. 서성거린 적이 한 두 번이 아니다. 간절함 때문이다. 닫힌 철문 앞에 붙여놓은 나의 작품 표에서 지고 있는 짐을 내려놓고 싶은 적이 한두 번 아니었다. 벽 앞에서 막막함에 한 아름의 여운과 여백을 울분으로 가득찬 가슴으로 통째로 집어삼킨다. 환희는 왜 아픔 뒤에 오는가! 고통 없는 절창은 없는가!

그대는 어찌 왔는가. 어디서 어떻게 왔는가! 부처님의 마음을 근본으로 삼고 무문으로서 법의 문을 삼았으니 어이 문이 없을진대, 어떻게 들어가겠는가!

무문혜개(慧開)께서 제1칙에 趙州無字를 놓고 의심덩어리를 쥐어뜯고 놓치 말고 혼신 다해 "무"가 되게 하라 일러준다. "무"는 글귀도 아니요 말도 아니고 설할 수도 없는 한 말씀인 것이다. 드러낼 수도 없고 뼈마디가 없어 세울 수가 없으며 오직 한마음 지혜의 문을 여는 열쇠이며, 세상을 청정하게 열어놓는 위대한 바라밀이라고 설한다.

진정한 득력처는 오직 나일뿐, 나만이 오롯이 나의 문 없는 문을 열고 닫는다. 번뇌와 습기로 채워진 이 탐진치는 언제쯤 문 앞에서 내려놓을 수 있을까. 본래없는 자성에 갇혀 짊어진 이 고통의 짐을 어찌 떠날 수 있을까 문 없는 정원에 내 덩치 몇 배쯤 되는 돌도 마음의 문을 열어주어 돌 꽃이 환하게 피었다. 오래전 일이다. 서예가 무엇이냐 질문에 "돌이 피워낸 꽃"이라 하였다.

고개 빼들고 옆집 담을 올려보아도 옆집은 옆집이고 내 집은 내 집인 것이다. 문 없는 문을 열어라. 대도에는 문이 없다. 아니 천 가지, 만 가지 길이 있다. 오직 문수의 지혜 선정바라밀과 보현보살의 대행원력을 잘 받들어 모신다면 문은 활짝 열려 모든 털구멍에 맑은 기운이 터져 나올 것이다.

내 스스로 내 마음 얻지 못하는 칠통을 깨어주고, 나의 정수리를 누가 만져 줄 것인가? 오늘도 문 없는 문 앞에서 물러나지도 못하고 나가지 못하는 아침에 오롯이 두 손 모으는 거룩함에 화들짝 문이 열린다. 삼독심으로 몽매한 몸덩어리만 잘 모시지 말고 무지의 빗장을 걷어내는일이 제대로 사는 길이다.

벽관, 9년 면벽

'벽'은 가끔 나를 불러 앉게 한다오

"어느덧 벽(壁)을 마주해 앉음이 잦아졌소. 벽은 가슴에 여백을 길러주고 오늘도 잠자코 벽은 나를 불러 앉히오"라는 이호우 선생의 시는 나에게 맛깔 나는 한 작품을 남기는 기회를 주었다. 시가 나에게 깊이 울림이 되었던 것은 동방 선종의 초조(初祖) 달마(達磨) 대사의 9년 면벽과 벽관(壁觀)이라는 문자에 매여 있는 탓이기도 했을 것이다.

소림사에서 9년 동안 벽을 향해 앉아서 말이 없으니, 사람들은 그를 가리켜 벽을 보는 바라문이라 하였다. 수행자는 달마가 벽을 보느냐 벽이 달마를 보느냐 라는 이원적 관계를 넘어서야 본래 자기 부처를 만날 수 있다.

9년이라는 한정된 세월이었을까? 석가모니 부처님을 초조로 하는 선에서 28대조 달마는 누구를 기다린 것일까? 시절 인연의 도래를 위한 인고의 시간, 마주한 바위에는 어슴푸레 달마대사 그림자가 드리워져 있다고 하니 수행 부족한 나로서는 어찌 할 수가 없다.

"모릅니다." "무공덕"이라는 숭산(崇山)이 무너지고 소림굴이 깨어지는 가르침을 알아듣지 못한 양무제, 맑은 지혜는 묘하게 밝아서 본체가 스스로 공적하여 세상에 함이 있는 일로는 구할 수 없다는 가르침을 알아차리지는 못했지만 달마 가신 뒤 깊이 아파했다.

몇 년 전 아부다비 루브루 박물관 아트샵에서 만난 엽서 한 장 '무공덕(無功德)'이라는 작품, 서예

인들의 공부 부족으로 내몰린 서예시장의 현실을 직면하면서 많이 아파했던 기억이 난다.

가끔씩 앞산 송화산 봉우리를 안고 마주 앉는다. 몸을 고르고 마음을 내리고 숨을 다스린다. 잃어버렸던 본분사(本分事)를 찾아 나서고 앉았다는 생각마저 없어지는 그날이 있을 것이라 믿고 기다린다.

9년 면벽에 달마는 혜가(慧可)스님과 시절인연의 열매를 맺었건만, 나와 서예 인연 중에 누가 백설위에 붉은 눈을 내리게 할 것인가?

벼루에 속상한 시커먼 먹물이 하얗게 빛난다.

본래 자리는 어디인가?

깨달음에도 안주하지 말라

옛 조사의 선어록을 읽어 무엇에 쓰려고 하는가?

이미 철지난 일이 아닌가! 지식이나 알음알이로 알려고 한다면 화덕에 불피우는 나무 작대기보다 못한 것인데 빨리 불구덩이 속에 던져 방구들이나 데워라.

오래전 복사물을 뜻도 모른 채 받아 읽은 때가 있었다. 문자 이전 인간의 본래적 면모에 들려면 근원적 물음 찾아나서야 한다는 말씀에 한동안 갇힌 적이 오래전 일이다.

선(seon,禪)의 열풍은 여름, 겨울의 안거와 무문관, 시민선방 등에서 선풍적 열기 속에 몰록 자신을 찾는 위대한 수행에 동참하고 있다. 선은 이론보다 실참에 있으며, 내 자신의 수행은 아직 책에만 매달려 첫걸음 못 놓는 지경이며 불립문자라 했거늘 문자 없는 경전도, 줄 없는 거문고가 내놓은 대광명과 법음을 한 소리도 들을 수 없는 무지몽매한 단계이다.

누에가 뽕잎을 먹고 명주를 내어놓듯 선가어록에서 행간을 읽으면서 하늘아래 새것 없다는데, 엉덩이로 눌러앉아 글씨 쓰고 틈나면 행주좌와어묵동정의 자리를 엿보는 일이다. 깨달음의 세계에도 안주하지 말고 밖으로 범성의 차별 경계를 취하지 말고 안으로 근본에도 머물지 말라 하셨다. 나의 득력처는 어디이며 앉은 자리의 구경처는 어디일까?

오래전 앉아 보았던 그 자리가 그립고 도반들의 공부 자리와 안부가 궁금하다. 앉은 자리에 토함산의 아침 해가 가슴으로 들어선다. 임제 어른께서 조계 법좌에 올라 한 고함 치고 주장자 들고 그냥 웃으시며 가실 것 같은 묘한 아침 기분이다.

공한 자리, 나는 모른다.

'헛꽃'을 찾아 얼마나 헤맸던가

공적(空寂)에 든 적이 없는데, 공(空)은 공한 것인데 어찌 설할 수 있겠는가.

불교의 교리에서 공이라는 문자처럼 다양한 해석은 요구하는 것이 있을까.

자성이 없는 공한 상태이며, 공견(空見)이라 하여 모든 것은 허무하다는 견해로 인과응보의 이치도 믿지 않고, 부정하는 그릇된 해석으로 교리를 공부하는 이에게 다양한 길을 열어주기도 한다.

아공(我空)은 자아의 실체가 없으며 법공(法空)은 객관적인 모든 존재가 인연에 의해 나타나고 사라질 뿐 항상 존재하는 것은 없다는 가르침이며 부파불교에서는 일체제법이 모두 공이라 하고 이 이치를 얻는 것이 "무상정등각(無上正等覺)"이라 하였다. 몇 권의 불서(佛書)를 통하여 색즉시공, 공즉시색, 조견오온개공, 공이라는 단어 앞에 이르며, 공은 많은 량을 차지하지만 나의 식견으로서는 그 묘하고 길하고 가없는 그 자리에 이르지 못했기에 왠지 나도 모르게 무(無)가 스물 스물 기어 나온다.

살면서 텅 빈 자리에서 느껴지는 숱한 경험이 있지만 오고감이 둘이 아니라는 한번 가면 다시 오지 못하는 죽음의 빈자리, 언젠가는 내 자신도 생물학적으로 그 자리에 주인이 될 것이라 생각하니 공부가 부족한 나는 등골이 오싹해진다. "텅"과 "빔" 의 글자를 읽기만 해도 마음자리가 잠시의 가난보다는 더 충만해지는 것 이 또한 무엇일까.

한자어원에서 空(공)은 穴(혈)과 工(공)으로 이루어져 工(공)은 끌이나 공구를 이용하여 구멍 내고 뚫고 하여 넓게 하다에서 파생되어 공허하다, 헛되다, 하늘 넓은 등으로 사회적 의미로 사용되었다. 내 공부 텅 비어 있어 배우고 받들 것이 많아 복이 많은 불제자이다 작품은 텅 빈 집의 형상과 사람의 어설픈 형상을 써놓고 비어 있는 적공(寂空)을 보여 주기도하고 내 자신도 전각인(篆刻印)으로 새겨 작품 마무리에 즐겨 쓰고 있다.

세상에 헛꽃(空花)을 찾아 이 산 저 산, 이 절 저 절 얼마나 헤맸는가! 설익어 없는 공문(空文)으로 몇 그램의 지식으로 자만했고, 헛이름(空名)으로 실체 없이 떠돌고 왔던가. 공한 자리를 그저 받아들이고 수용하고 안아 줄 수 있는 그날이 올 것 같기는 한데, 오늘밤에도 창문 열고 한지창으로 달빛의 공한 마음자리를 받아들어야겠다. 자성이 공함을 깨달은 자는 니르바나에 이른다 하신 니가르주나(龍樹)의 공론, 나는 깨닫지도 이르지도 못하였기에 오래오래 살 것이다.

달은 손가락 끝에 있지 않다.

사시사철 한결같은 그분

"손을 들어 달을 가르치지만 달은 본시 손가락 끝에 있지 않는 것을, 언어로써 고구정녕(苦口丁嚀) 알려주어도 오묘한 그 진리는 언어 속에 없다" 보조국사비문에 쓰여 있다. 국사께서는 금강경으로서 법을 삼고 교의(教義)는 육조단경을 화엄론으로써 주장을 펴고 선어록으로 오른쪽 날개를 삼았다. 거조암에서 보조국사 33세 때 피로 쓴 정혜결사 수행동맹문은 정과 혜를 균등하게 닦아야 한다고 혼신을 다하여 설하고 있다.

절에 드나들 뿐, 달을 찾는 일을 어찌 손가락 끝에서 하려고 하는가! 영산회상 설법에 꽃을 들어 보이시니 백만 대중 운집에 가섭만 살포시 미소하였다 하니 이 일을 어찌 알 것인그.

절속에 부처 안 계신다. 사시사철 한결같은 그분은 그저 거룩하신 그분일 뿐이다. 사람 되기도 쉽지 않지만 훌륭한 불제자 되기도 싶지 않다. 불법은 나도 남도 중생도 부처도 없는 대자유인이 되는 길이다.

이론적 접근의 불교수행은 많은 문제점을 남긴다. 불교는 참된 앎과 실천수행의 종교이다. 직접 수행 체험에서 얻어지는 득력(得力)이 힘이다. 목우자께서 와서 직접보라, 행하라 하셨을 뿐, 손가락 끝에 미혹치 말고 말끝에 매달리지 말고 잡다한 문자에도 매달리지 말고 부처의 맏아들로 너 자신이 온전한 달이 되라고 거듭 말씀하신다.

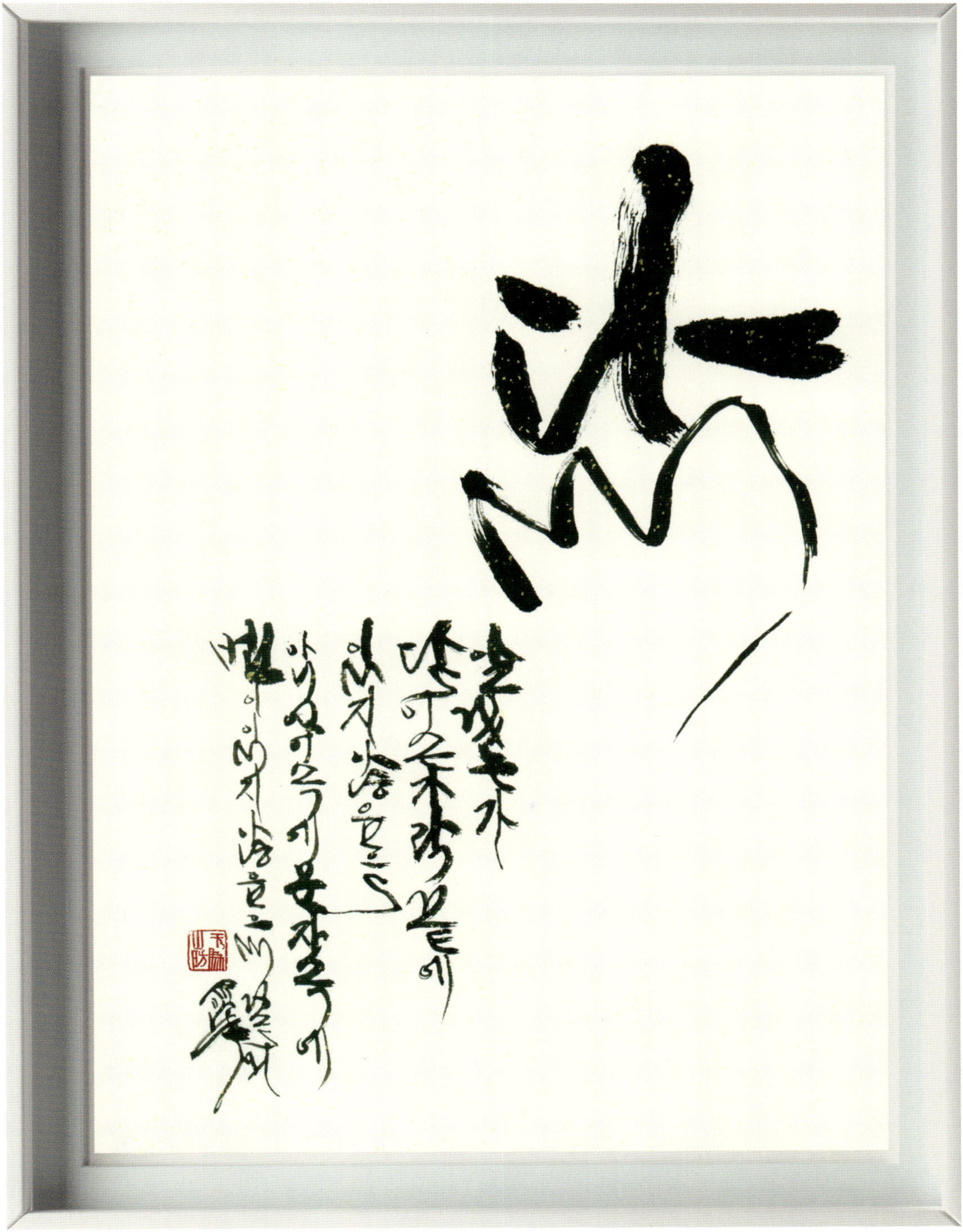

밝은 달 떠올라 산새들 울리고

번뇌와 근심마저 들리지 않는다

“시 가운데 그림의 무늬가 서려있고 그림에는 시의(詩意)가 들어있다”라고 동파거사는 시불(詩佛) 왕유(王維)를 숭상하였다. “중년에는 자못 불도(佛道)를 좋아하여 근간 종남산(終南山) 기슭에서 마냥 거닐다 흐르는 물 다하는 곳에 이르러선 앉아서 구름 때의 장관을 바라보며 어쩌다 숲속의 노인을 만나기라도 하면 더불어 담소(談笑) 즐기다 돌아 갈 줄 모른다”라고 노래한 왕유는 시선 이백, 시성 두보와 함께 성당(盛唐) 시단의 3대가로, 고대 인도의 재가 불제자 유마힐(維摩詰)거사의 마힐을 빌려와 자신의 호(號)로 썼다.

한 폭의 그림 같고 한 편의 곡조 낮은 음악 같은 “새우는 산골개울” 시에서 변하지 않은 것 없고 무한한 것도 없으며 춘산의 적요(寂寥)를 깨고 일어나는 무심 속에 생각 없음까지 드러내는 자신의 무한 경계를 노래하고 있다. 깨우침은 몰록 종교를 넘어서 간결과 절제가 생명인 시(詩)에 기대어 선의 경지를 담아내고 있다.

읽는 순간 적연부동이다. “사람은 한가하고 계화(桂花) 사뿐히 떨어지는데 밤 정적 깊어 봄 산은 텅 비었는데 밝은 달 떠올라 산새들 놀라게 하고 때때로 봄 산골 개울 가운데 산새가 운다”라고 노래한다. 왕유(왕마힐)는 공부 다 마쳐 한가한 도인의 경지에 이르니 번뇌와 근심마저도 들리지 않는 절대인의 경지에 든다.

시적 사유는 무한한 인과의 순환을 노래하지만, 31세 상처(喪妻) 후 평생 슬하에 자식 없이 독방

생활은 시와 불교의 인연을 통해 승속(僧俗)을 넘어선 달관의 삶을 사셨다. 모친의 영향으로 북종선과 남종선을 깊이 익히고 수행하여 유마힐 거사를 이어받은 거사불교의 주맥을 형성한다. 그 뒤로 소동파, 황산곡(山谷) 또한 큰 영향을 받게 된다.

붓으로 쓰지 않고는 견디지 못해 쓰는 글씨는 돈오(頓悟)이며, 시간 밖의 시간에 노님이요, 말 할 수도 생각으로도 할 수 없는 글씨 형상 밖을 내놓는 자유자재의 절학무위 한도인(閑道人)의 무심의 행위일 뿐이다.

닫힌 문을 두드리는 산새는 계절을 잊은 채 노래하고 사치스러운 고요만이 살고 있는 적연서사(寂然書舍)에서 분향하고 고요나 한 사발 흠향해야겠다.

왕유가 쓴 6조혜능선사의 비문을 읽으면서 후대인들은 왜 시불(詩佛)이라 하였는지 깊이 느낄 수 있는 기분 좋은 오후였다. 사는 일이 이렇게 즐겁고 기쁘다.

불사선 불사악

생각하지 말라 선도 악도

서도(書道) 수행의 참고 자전에 착할 선(善)은 160여자가 소개되고, 미워할 악(惡)도 100여자의 형상이 나온다. 이 많은 형상이 주는 의미가 무엇일까? 착하고 악한 일이 이렇게 다르고 많은가, 한번 틀어 앉아 참구해 볼 일이다. 착한 것도 악한 것도 아니라면 그 행위는 무엇일까? 선과 악의 해탈론도 선과 악의 혼합론도 순자, 맹자에 들어 선과 악이 사람의 본성과 결부되어 있다고 밝히고 있다.

'불사선불사악(不思善不思惡)'은 서예 전시장에서 귀중하게 대접 받는다. 불자께서는 혜능선사와 혜명과의 드라마틱한 장면을 떠 올리기만 하여도 지금 여기 목전(目前)에 펼쳐지는 생생한 진검승부를 느낄 것이다.

공부하면서 언제 이런 행운의 기회를 만날 수 있을까? 선도 악도 옳고 그름도 아름답고 속됨마저 벗어버린 본래의 모습으로 천연 그대로 더하지 않는 무념의 상념 속에서 쓰는 글씨는 어떠할까? 생각으로 갈 수 없는 그 묘각(妙覺)의 자리 언제 만날 수 있을까? 마음만 헐떡일 뿐이다.

"조용히 생각하고 생각하되 선도 생각하지 말고 악도 생각하지 말라" 청천벽력 같은 한 말씀, 미망을 깨우치는 법문, 혜명은 수행으로는 도저히 감당할 수 없는 머리가 깨지는 그 자리, 가사와 발우 앞에 무릎 꿇을 수밖에 없었다.

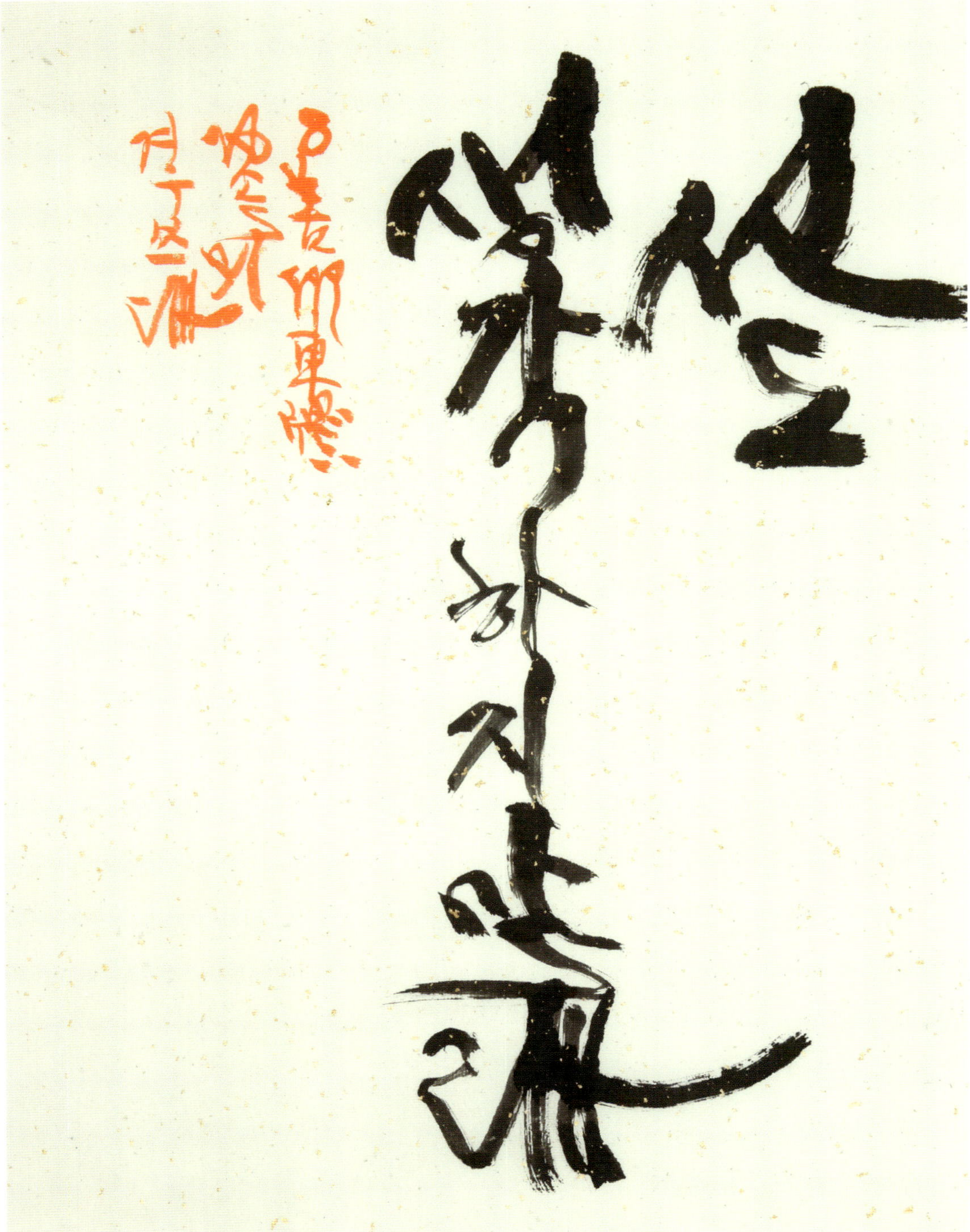

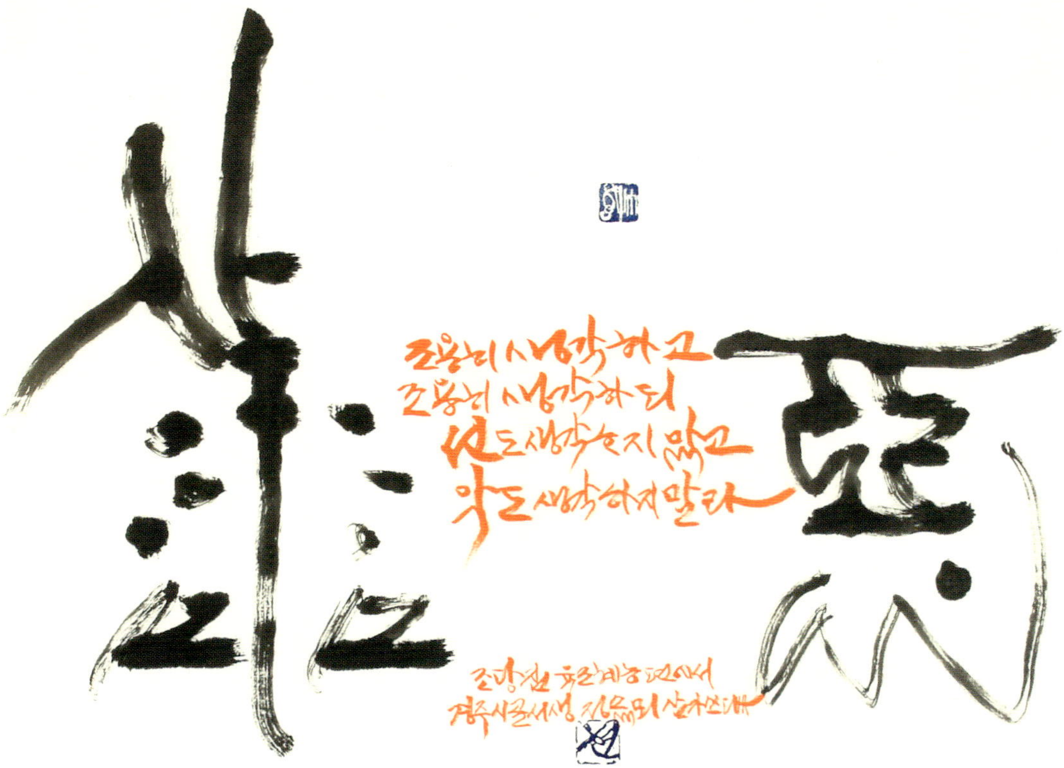

세상은 시비와 선악이 정의 없이 난무하고 있다. 서예판도 마찬가지다. 부처의 법은 본래법이 항상 적멸한 상이니, 불자가 이 도리를 행하여 요달(了達) 한다면 부처와 내가 둘이 아님을 깨닫게 될 것이다.

선도 악도 아닌 공(空)한 도리를 안다면, 눈이 가는 자리마다 부처 꽃이요, 호흡이 이르는 자리마다 자비 꽃 일 것이다. 나의 서도 수행이 이를 마지막 구경(究竟)에는 선과 악 양극단을 모두 놓아버린 공(空)의 이치 담고 서법마저 놓아버린 그 자리에 홀연(忽然)히 깨우침의 붓꽃이 피어나는 것이다. 붓이 무겁다.

진감선사 비문

산이야 어찌 움직이겠는가

“생각도 없고 분별도 없으며 깎는 것도 없고 새기는 것도 없었도다.” 거듭 명령하신 임금님의 뜻을 거역할 수 없어 삼가 명(銘)을 짓는다. 최치원의 비문에 법휘(諱)는 혜소이며 어느 날 낮잠을 잠깐 들었는데, 꿈에 한 범승(梵僧)이 나타나 “내가 어머니의 아들이 되기를 원 합니다”라고 이르고 나서 유리항아리를 주었다. 그 후 얼마 안 되어 선사를 임신하였다.

태어나면서부터 울지 않았으니 곧 일찍부터 빼어나 소리를 녹이고 말이 없는 도의 싹을 드러낸 것이다. 일곱 여덟 살이 되어 밖에 나가 아이들과 놀 때 나뭇잎을 사루어 향을 삼고 꽃을 따서 공양을 올렸다. 때로는 서쪽을 향해 꿇어앉아 해가 저물어도 움직이는 기색조차 없었다고 비문에 적고 있다.

31세(887년) 당에서 돌아온 지 3년, 문장을 짓고 직접 쓴 유일한 고운(孤雲)선생의 글씨이며, 비액의 전서(篆書) 글씨는 평생 글씨를 공부하고 있는 이들마저 서체의 근원을 찾기가 힘든 파괴적이고 기이한 글씨이다. 서예 동호인들에게는 반드시 찾아가서 고개 들고 올려보다 고개 숙여 예를 다하는 첫 번째 비석 글씨 중 하나이다.

좋은 비석의 글씨는 사람들을 불러 모은다. 고승의 비문집을 읽다가 내용에 감복하였다. 비문 중에 “유마거사가 묵묵히 문수를 대한 것과 부처님께서 가섭에게 가만히 전한 것 같이 수고로이 혀를 움직이지 않고, 능히 통해서 마음에 새기게 함인 것이다” 멀리 도를 전해 와서 널리 우리나라

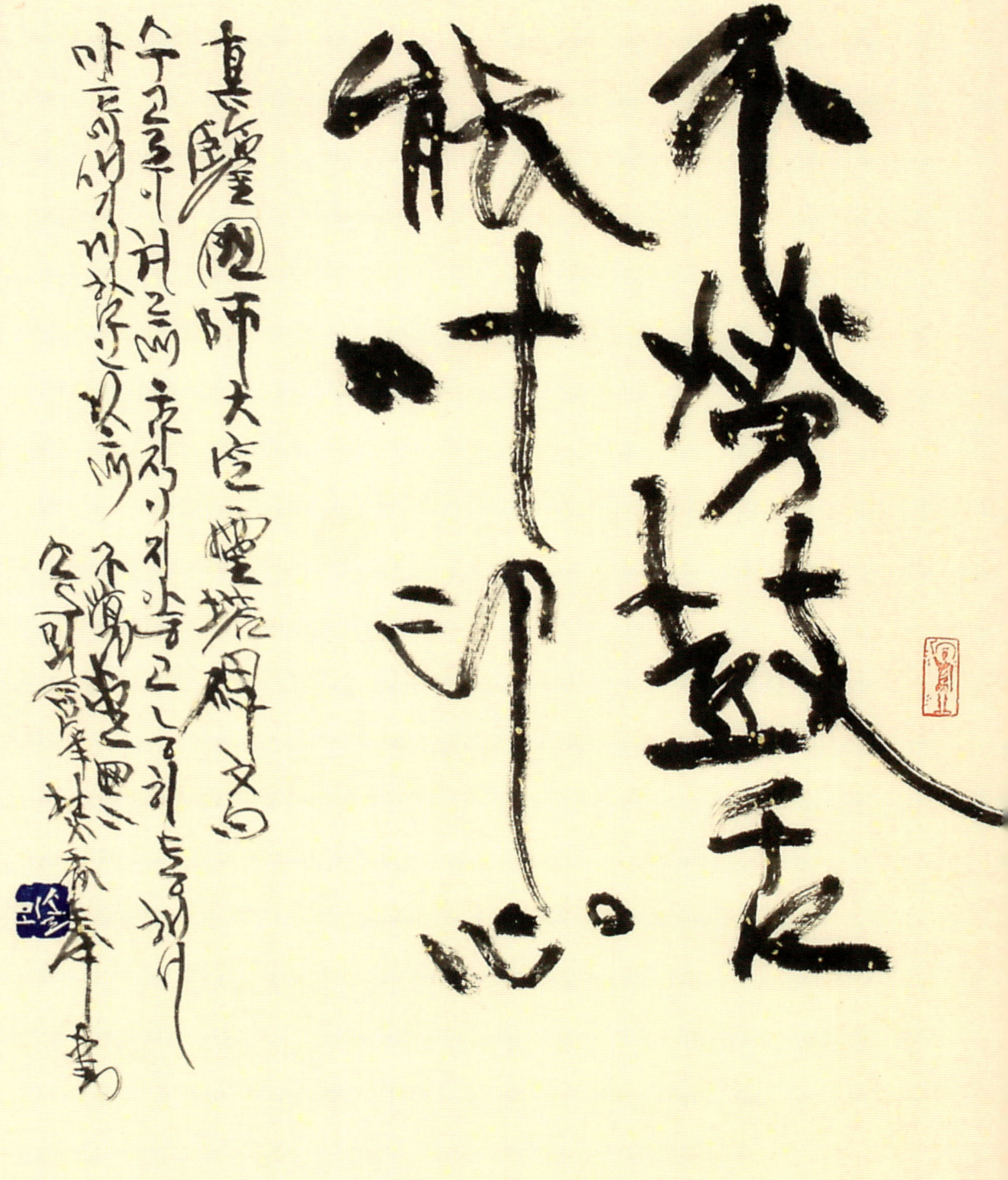

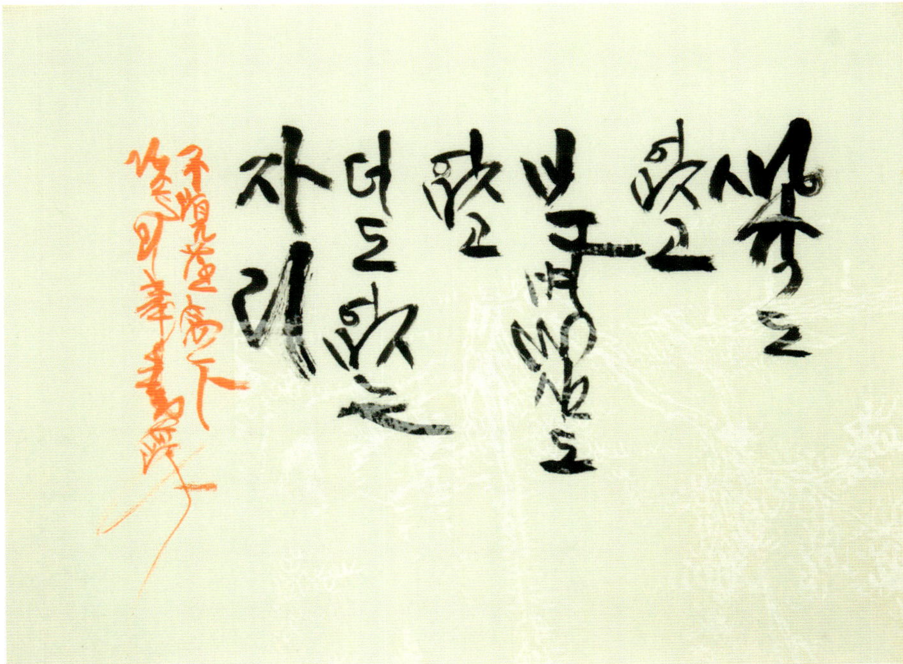

를 빛나게 한 것이 어찌 다른 사람이겠는가 선사가 바로 그 분이라고 적고 있다.

도(道)를 말로써 나타낼 수 있겠는가, 또한 말로써 어둡게 되나니, 도가 말을 기다릴 필요는 없다. 몸으로 행하고 스스로 깨닫는 것 밖에 도리가 없다.

좋은 글을 읽다가 쓰지 않고는 도저히 견딜 수 없는 이 기분을 열어주신 고운(孤雲)선생께 머리 숙이며, 위대한 문장은 천대만대 빛나고 길이 된다.

좋은 문장은 작품을 반쯤 완성시켜준다. 어찌 공부 안 할 수 있겠는가! 부족한 나의 글씨는 언제쯤 힘든 자에게 힘이 될까? 일찍 찾아온 절기에 마음은 더 차갑다.

주인공

본래의 자기 자신을 잃지 말아야

“깨어 있어라” “예” “언제 어느 때든 남에게 속지 말라” “예” 하고 공손하게 허리 굽혀 지극정성으로 대답한다.

부르고 대답하는 대상이 둘이 될 수 없는 이 자상하고 엄격한 찰나의 순간에는 어떤 사념도 끼어들 수 없는 자신의 본래 자기, 본래 면목을 만나는 오롯한 주인공(主人公)이 된다.

남에게 속지도 말고 하물며 자신을 속이지 않는 완전한 자신, 늘 자각하고 깨어 있어야 한다. 공부인으로 사는 그 시간은 온전한 나 주인공이 되는 시간이고 시간 밖의 시간 속에서 자락(自樂)하고 나를 만나는 영적인 시간이다.

범부의 마음에는 항상 무명바람이 불어 번뇌의 파도가 일렁인다. 이것이 삶의 풍파이다. ‘본래인.’ ‘주인공.’ 이 물건은 이름만 다를 뿐 어디에 갇혀 있는가, 한발 내딛는 그가 언제나 내 삶의 주인인 것이다. 영원히 매달려도 한 치도 벗어날 수 없는 목숨이라는 이것, 인간은 태어나면서부터 죽어가고 있다. 사람의 목숨은 며칠 사이도 밥 먹는 사이도 아닌 호흡 사이에 있다.

이제 80세가 되어야만 노년이라고 부르고, 18세에서 65세까지를 청년이라 부르는 시대, 살아갈 날이 참으로 긴 현실, 우리는 불자로서 참살이를 할 수 있을까, 불자는 되기 쉬워도 불자다운 삶은 쉽지가 않은 법이다.

4년 전 전시회 때 화선지에 아래를 텅 비운 채 주인공(主人公)이라는 글씨를 족자 작품으로 전시했다. 도저히 읽을 수 없는 석 자의 한자(漢字)가 한 글자 같이 보이는 작품 앞에서 분분한 해석을 하는 모습을 지켜보는 재미에 참 기분 좋은 전시였다. 이런 경우 솔직히 흥분한다. 작품들 중에 다시 쓰고 또 쓰도 그때의 참맛이 나오지 않는 것, 주인공을 찾는 수행의 부족이라 깨우친다.

주인이 바뀐 작품의 안부가 궁금하다. 바람 좋고 기분 좋은날 좋은 사람 만나러 가듯 작품을 찾아 인사 가야겠다. 크게 불러 보기도 해야겠다. 주인공아, 주인공아 무지한 솔뫼야….

행복하십니까?

구름따라 다녔네 이산 저골 생각없이

당신은 행복하십니까? 라는 물음에 열반에 드신 스님께서 몇 발자국 마음자리에서 물러나셨다 했다. 살아 있다는 자체가 행복인데 라고 한다면 그렇지 않다고 손사래 치는 이도 많을 것이다

불교에서는 사성제에서 고(苦)에 대해 설하고 있지만 행복은 불행 아니면 다행이라는 말이 참으로 귀하게 여겨진다. 마음이 상하면 뼈의 골수가 마르고 자라던 머리카락까지 산산이 찢어진다. 작은 것에 만족하라고 수없이 깊은 불교 반듯한 유교에서 얼마나 가르쳤던가.

선시에 "하루 종일 봄을 찾아다녀도 봄을 보지 못하고 짚신이 다 닳도록 언덕위의 구름 따라 다녔네. 빈손으로 돌아와 우연히 매화나무 밑을 지나는데 봄은 이미 매화가지에 달려있음을" 오도(悟道)의 깊은 뜻도 모른 채 작품으로 몇 번이나 남겼던가.

늘 자기면전을 드나드는 주인공을 이곳저곳 찾아 헤매지 말라고 임제선사께서 목소리 높였던가! 천년이 훌쩍 지나도 아직 혼자서는 오를 수 없는 법상에서 임제께서 푹 고아놓은 곰국을 드시고 계시다니 언제 진정 본연의 귀의처를 알게 될지 답답하다.

좋은 일이 있기 때문에 힘이 나는 게 아니다. 힘을 냈기 때문에 좋은 일이 일어나는 것이다. 불교에서는 착한 사람과 어울리고 선을 행하는 것이 지고지순한 행복이라 설한다. 행복이란 자성을 깨닫고 진리를 구하여 지혜의 버금자리에 이르는 것이다.

포장된 사이비 행복의 달콤함에 속지 말아야한다. 인스턴트에 20대의 내장과 정신이 멍들면 혀끝만 다치는 것이 아니라 사회의 미래가 썩어 문드러지는 것이다. 살아 갈만큼 있다면서 마음의 그릇은 넓히지 않고 온통 그 속에 갇혀 있다니 하루만이라도 번뇌와도 친하지 말고 소유와도 멀어지고 위없는 무상정각의 깨침의 약이라도 있다면 주고 싶다.

작업 문 뒤편 가지 옮기며 열락에 빠진 참새의 놀음이 속내까지 열어 보이는 관세음보살의 환희를 느끼니 등짝에 냄새나지 않는 땀이 흐른다.

나는 누구인가

누구도 나를 대신할 수 없다

욕심과 노여움 어리석음으로 가득하고 태어난 지 회갑이 넘었건만 무엇이 '나'라고 명확히 정의할 수 없다는 확연한 명제 속에 어디에서 와서 어디로 가고 있는지 가야만 하는지 혼돈과 역경 속에서 나의 생은 이사 나갈 짐처럼 꾸려지면서 살아가고 있다. 헐어놓으면 이삿짐처럼 볼품이 없다고 생각하니 울컥 회한에 가슴이 저리다.

역대의 선지식과 조사들께서도 이 한 물건을 해결하기 위해 목숨까지 바쳤건만 찾은 것은 진정한 나, 진아(眞我)는 무엇이었을까?

달마는 혈맥론에서 "만약 부처를 찾고자하면 반드시 견성해야 한다. 성품이 바로 부처이다. 견성치 못하면 계 지킴은 천상에 나게 할 뿐이며 보시는 복의 과보를 얻을 뿐이다"라고 했다. 밖으로 구하고 자기 외적인 삶에 전부의 에너지를 쏟았다면 지금 바로 여기에서부터 자신의 참 나를 찾아야 한다.

평생이라는 시간의 전부를 '서도삼매(書道三昧)'와 '문자명상'으로 어설프게 수행이라는 명분아래 길나서고, 찾고, 만나고, 어루만지고, 25시간 온전히 살건만 어떻게 몰입 하여야만 서예를 통해 방편적으로 나를 만날 수 있을지, '나'의 진정실체는 누구인가를 묻고 답하고 있다. 불교는 스스로 완성하는 자력 신앙이다. 나의 삶은 온전히 나일뿐 누구도 나를 대신할 수 없다. 배고플 때 내가 먹지 않으면 배부르지 않는다. '나'라는 단어는 참으로 정의할 수 없는 묘한 영적의 기운이다.

어느 날이었다. '나는 누구인가'하고 써놓은 나의 작품 앞에서 멍해졌다. '묻는 그는 누구인가'라는 생각이 몰록 닥쳐왔다. 붓을 들어 작품 아래 써놓고 작업장을 들 때마다 멍히 올려본다.

시골 생활의 아침 오롯하게 물기 머금은 나무들 가지에서 들리는 새소리 자꾸만 나에게 '나는 누구인가'라고 묻고 있다.
부처님께서도 "화려한 꽃을 나에게 바치는 것이 진정한 공양이 아니라 나의 법을 통해 깨달음의 문을 여는 것이 최상의 공양"이라 하였다.

내가 만나는 나, 이 물건이 나라고 실체할 수 있는가 묻고 깨물어도 정의할 수 없는 나를 잡고 붓을 잡고 헐떡거린다.
붓을 들어도 진정되지 않는 아침, 금(金) 매미가 껍질을 벗어나는 그 광명의 순간을 느끼고 싶다.
찾는 이 없는 토굴에서 꼬집으면 '아야' 하고 소리치고 칭찬하며 웃는 묘한 자신의 내면이나 더듬어 가야겠다.

법희선열

부끄럽습니다

인간이 부끄러움을 안다는 것은 자신을 알아가는 첫 번째 단초이다. 어느 시인께서는 “인생은 살기 어렵다는데 시가 이렇게 쉽게 쓰여 지는 것은 부끄러운 일이다” 하였으며 “하늘을 우러러 한 점 부끄러움 없이 살다”라는 절창의 시구를 내놓았다.

붓을 들고 쓰려면 부끄러워 쓰여 지지 않는 것은 내가 너무 부족한 삶을 살았다는 것에 크게 참회한다. 지금의 나의 모습, 나의 공부, 나의 인격 모든 것이 내가 만든 나의 창조품이니 어찌 할 수가 없다.

부처님께서도 10대 참회 진언에서 어느 하나 놓치지 말아야하면 잘못된 일을 다시 저지르게 되는 것이 가장 큰 죄악이라 꾸짖고 계신다. 읽을때마다 새기지만 돌아서면 잊고 사는 것 이 얼마나 수치스러운 일인가?

가장 큰 잘못은 지각없이 저지르고 부끄러워 할 줄도 반성도 없는 그르친 한 사람의 생이 자신은 물론 세상까지 파멸로 초래하는 일은 흔히 접할 수 있는 잔악한 언론의 보도에 경악한다.

인간을 지탱하는 축은 부끄러움과 창피를 아는 것이다. 나를 잡아두는 영약이며 2011년 전시회 주제는 법희선열에서 차용하여 ‘묵희선열(墨喜禪悅)’이었지만 작은 주제는 ‘부끄럽습니다’였다. 평생을 수행 겸 목석처럼 안고 살아온 서예 공부도 부족해서 부끄러웠고, 300여 평 꽉 채운 작품들

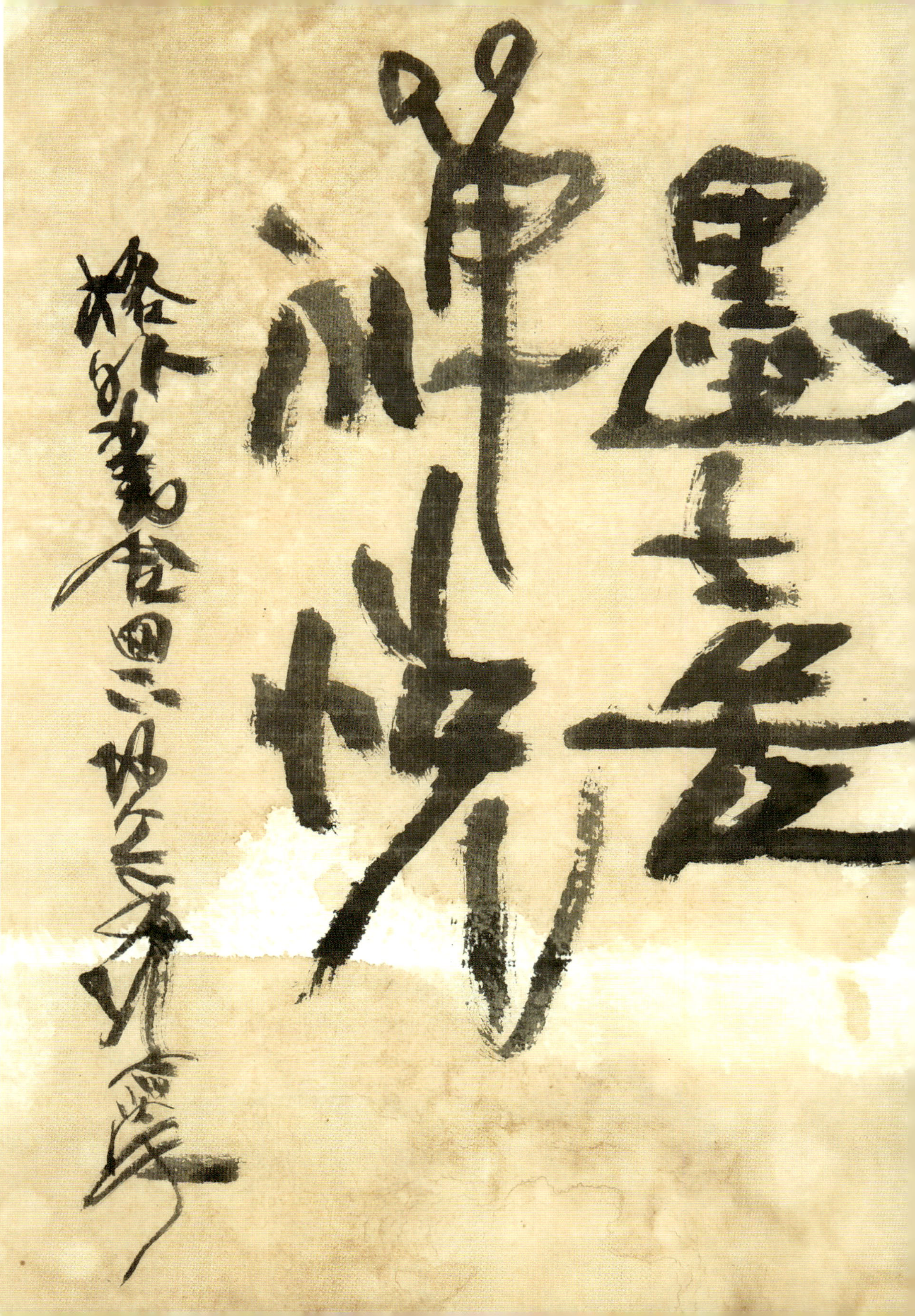

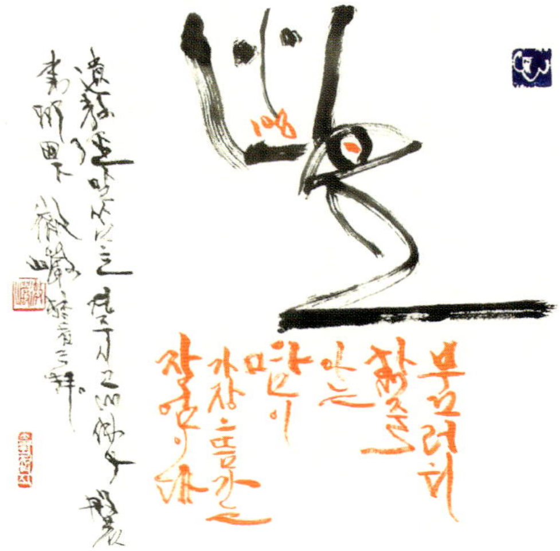

마다 생채기를 느낄 수 있었다.

우리 자신의 시원을 찾는 큰마음이 부끄러움이며 맹자께서도 부끄러운 마음이 없다는 것을 부끄러워해야한다 하셨다. 가장 으뜸가는 장엄이 부끄러워 할 줄 아는 마음이라 하셨으니, 사람의 평생 말하고 듣고 먹고 배설하는 일 외에 무엇이 있을까?

부끄러워 할 치(恥) 자의 한자는 귀이(耳)에 마음심(心)을 더한 글자이며, 귀로 자기 마음의 소리를 들으면 부끄러워 할 일이 줄어든다. 빤히 턱밑에서 쳐다보면 창피하다는 형상문자이며 명함에도 쓰고 있다. 공부하면 할수록 부끄러움을 안다는 사실, 공부가 무섭다. 서예수행을 하면 할수록 글씨에 대한 허점을 살 필수 있어 부끄럽기는 하지만 기쁜 것 또한 어쩔 수 없다. 원고 쓰기는 더 부끄럽다. 그저 고개 숙인다.

7언 30구 210자

중생은 그릇 따라 이익 얻네

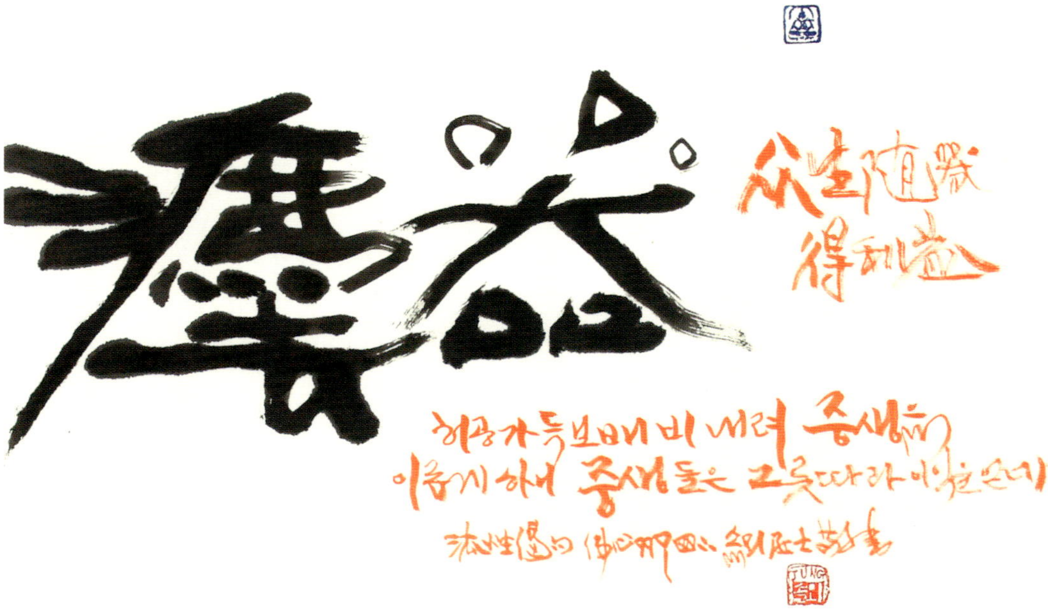

독송만 해도 눈가에 촉촉이 젖는 기운이 무엇이며, 장엄한 법계를 의상께서는 이다지도 절절하게 맺었을까? 물에 넣어도 젖지 않고 불에 던져도 한자도 타지 않을 영적인 기운은 어디에서 왔을까?

"중생을 이롭게 하는 보배 비 허공에 가득하니 중생들은 그릇 따라 이익을 얻네" 80권의 방대한 〈화엄경〉을 장엄한 법성게, 어느 한 글자 버릴 수 없는 완전함에 한없이 가벼워지는 마음을 느낀다.

집에서 아침, 저녁으로 독송하고, 가끔 들리는 산사에서 새벽 기도에는 사뭇 다른 울림과 떨림으로 정성을 다 한다.

전시회에 법성게는 빠지지 않는 글제이며 작품은 소품과 2폭 가리개와 8폭등 다양한 작품으로 영적인 기운을 담아내기 위해 붓 끝에 영성을 다 한다.

작품의 인연은 묘하다. 시절인연은 만드는 것인지 본래 있는 것인지 참으로 모르겠다. 부처께서는 인연은 짓는 것이라는 말씀이 떠오른다.

몇 번 인사 올린 적이 있는 세수(歲數) 100세, 흥륜사 선원장 보주당 혜해선사께서 청산의 모습으로 때로는 백운의 모습으로 머물렀다가 향기만 남기시고 원적에 드셨다.

수행자로서의 일 외에 일체 관심이 없으셨던 올곧은 거울이신 노스님의 원적(圓寂)에 불초한 시골서생(書生)에게 10여장의 만장(挽章)과 이별의 노래 법성게(法性偈)를 쓸 수 있는 지극한 복을 주셨다.

불자 서예가라고 자칭하고 살다보니 인연 있는 사찰에서는 난생 처음 사다리를 타고 벽지에 붓글씨를 쓰기도하고, 일주문, 현판, 주련, 상량문등 불교 관련 글씨를 쓸 기회가 주어질 때 마다 환희심을 다하며 이 복은 어디서 생겨나는 것인가 깊이 깨물어 본다. 참으로 고맙고 기쁘다.

법성게를 쓴 그날 저녁 스스로에게 놀랐다. 210자의 글자가 열반락(涅槃樂)을 누리듯 웃고 있는 느낌을 나 혼자만 받은 것이 아니었다니, 참으로 다행이고 고마웠을 뿐이다. 언제 다시 쓸 수 있는

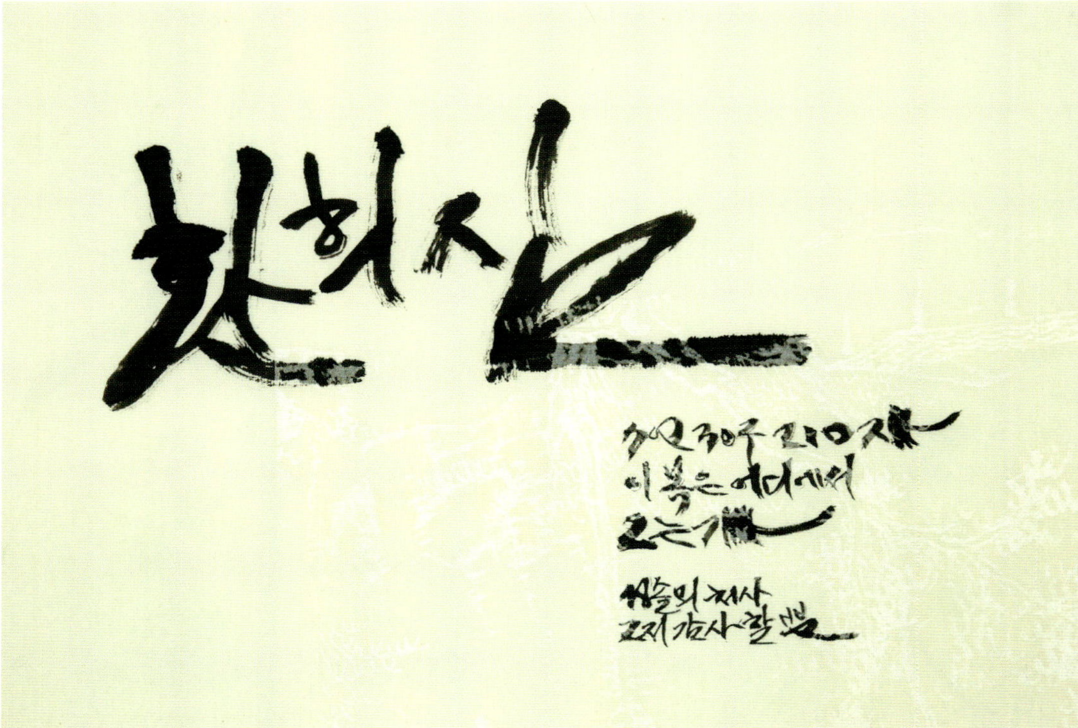

복된 인연이 올 것인가?

다비식 날 맨 앞에 들려진 만장(輓章), 태워져 다시는 볼 수 없지만 나의 작품 사진첩에는 영기(靈氣) 머금은 채 남겨져있다.

영결식장에서 큰스님의 육성 법문이 쟁쟁하다.

"수좌의 마지막 병은 게으름" 이라는 말씀과 "금가루도 눈에 들면 눈병이 된다"라는 경책의 말씀, 불에 타버린 210자의 말씀 법성게는 천화(遷化) 되었다.

허공에 가득한 보배 비, 늘 주변에 가이없이 내리건만 내 수행의 그릇 작아 항상 부끄러울 뿐이다.

"응"이라는 무한한 긍정

있는 그대로를 인정하고 살자

삶이 예술창작품이 되었다. 아들로부터 대화할 때 "응"이라는 단어를 자주 쓴다고 지적 받았다. 특히 조심해서 말해야겠다는 좋은 계기가 되었지만 쉽게 고쳐지지 않아 내 자신이 화들짝 놀랄 때도 한두 번 아니다. 수긍과 긍정, 창작의 계기는 모든 것을 수용하고 긍정하는 자세에서 태동된다. 즐거운 삶은 긍정모드가 첫째 조건이다. 서예 수업에서도 받아들이는 수용의 폭이 크면 클수록 글씨의 성장속도가 정비례한다. 도반들에게 반드시 '긍정심리학'에 대한 이야기를 자주한다.

'응, 그래, 그랬구나, 그럴 수 있지, 그렇지' 이번 작품은 전통서예만 몇 십 년째 매달려온 나에게 천금같이 다가와준 작품이다. 거꾸로 돌려놓아도 아래 위가 똑같은 글씨, 좌로 눕혀도 오른쪽 돌려도 '응'이 되는 문자, 크고 작은 원의 크기는 매순간 다가오는 역경의 크기들, 색상은 내 기분의 느낌들이 숱한 사유가 모여 환희에 찬 절대 절명의 작품을 얻었다.

불기 2563(2019)년 6월 전시작품과 크기와 먹색을 달리하여 몇 작품 했지만 긍정의 힘은 '응'을 빛나는 최상의 작품으로 나의 기억에 새김되었다. 긍정은 지식의 힘이 아니라 수행과 정진으로 자신에 대한 인정과 성숙한 내면의 순화된 동력의 힘이다.

사람들은 자신의 살림살이에 따라 사람을 대하고 사랑하는 법이 달라진다. 최고의 성숙은 있는 그대로 긍정하고 인정해 주는데 있다. 언제 어디서나 우리를 지켜주고 안아주는 모성애는 우리에게 무한 긍정을 설하고 계신다. 긍정의 힘이 떨어지는 사람들을 만나면 자리에서 뜨고 싶어진다.

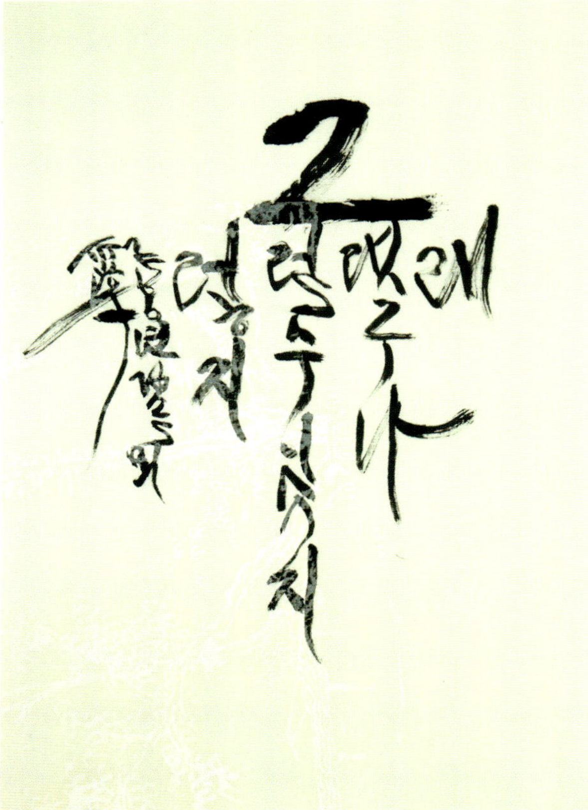

자기 자신에 대한 긍정의 힘이 곧 자기 인생에 대한 성숙을 이끌어낸다. 작품을 다시 떠올린다. 그때 완성이라는 그 순간 내려놓은 붓을 감싸 안으며 울컥했던 그날이 아프고 쓰리고 힘들었던 나의 가슴을 쓰담쓰담 해주었다. 모든 좋은 것들은 멀리 돌아가는 길을 통해 목적에 다다른다.

긍정은 인간의 내면의 자아를 환하게 한다. 자리이타(自利利他)이다. 고금당(古今堂) 벽에 걸린 작품의 안부가 궁금하다. 기분 좋은 날 그를 만나러 가야겠다. 한 사발 커피도 마시고 싶다. 분명 작품이 "응"하고 환하게 웃으며 말을 걸어 올 것이다. 이런 인연 어디 있나요, 아니 역경과 순경이 다가와도 "응" 할 수 있는 마음공부나 해야겠다.

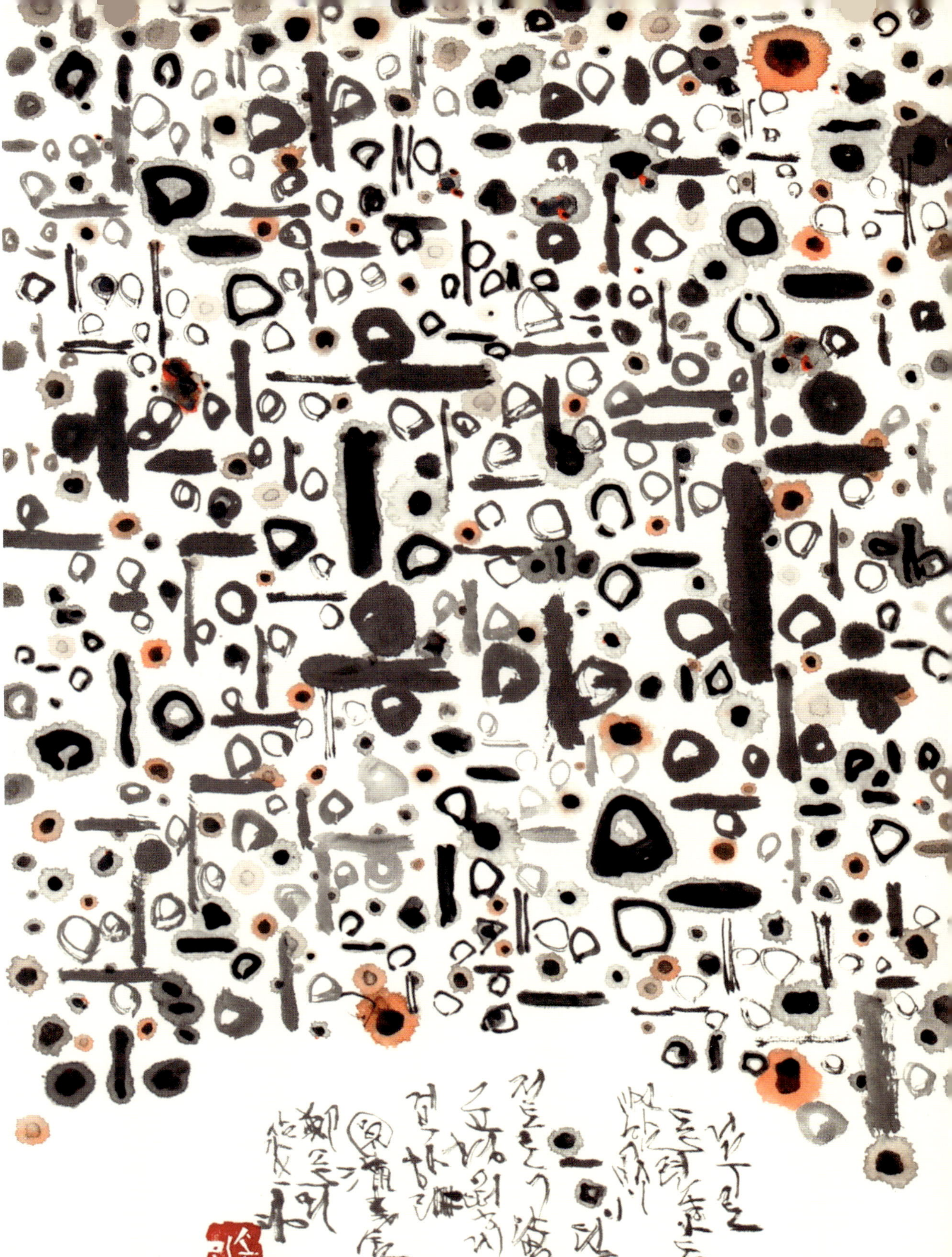

여래는 무엇이라 부르나

새기는 것만으로도 환희심

사람의 위대함은 사람을 만남으로써 이루어진다. 사람은 태어나기 전부터 태명이라는 이름을 갖게 되고 성년의 날을 맞이하면 부모님도 낳은 자식의 이름을 부르기보다 자(字)를 내려 부르면서 더욱 성숙한 대접을 한다. 문인들은 자신의 이름 대신 필명(筆名)으로 살아가고 50~60세쯤 되면 부족함에 또 다른 자신으로 살기 위해 호를 지어주기를 부탁하는 경우도 있고, 스스로 이름하기도 한다.

부처님의 여래 십호는 어디 하나 깊이 새길 수 없다. 그 깊이와 함량과 무게, 크기가 한량 없기 때문이다. 허공을 다 들어 놓을만하고 수미산의 몇 배의 크기이며 눈금 있는 저울로는 달 수 없으니 어찌 예경할 때마다 목소리가 새어 나오지 않는다. 붓다 호명 중에서도 가장 첫 자리에 올려지는 여래는 무엇일까? 한자에서 여(如)자는 어머님께서 무릎 꿇고 입을 통해 기도 올리는 모습이다. 이름이 많다고 어찌 모두 이름이겠는가! 이 하나만으로 여래 십호는 순도를 다한 것 같아 나는 가장 즐겨 쓰고 있다.

붓다께서 천인사(天人師)로서 인간과 모든 신께도 예경받는 큰 스승이시며 중생이 몰랐던 지혜의 길을 만들어 놓으셨고, 인간혁명의 선포된 적이 없던 것을 선포하였으며 안내 해주셨다. 한 사람의 스승이 되기도, 누구로부터도 인정받기도, 어려운 현실 앞에 천근만근의 무게감이 업장을 누른다.

지혜와 복덕의 구족과 두루 밝은 명행족(明行足)이 되어 오탁악세의 불타는 이 화탕속세에 작은 역할이나 할까 하고 내려놓은 붓을 다시 잡고 붓다의 한 말씀 지극히 옮겨 작품을 한다. 나에게는 이것만이 조어장부(調御丈夫)가 되는 일이다. 매우 인간적인 본질의 삶을 이름한 이 거룩함의 여래십호(十號), 어느 것 하나 놓을 수 없고 헤아릴 수 없지만 새겨 보는 것만으로도 환희심이 일어난다.

풍경소리

운재청천 수재병

구름은 하늘위에 물은 병 속에 있네

늦게 핀 국화는 겨울의 물 기운이 적은데도 자신의 핏기를 잃지 않고 자연의 숭고함의 법도를 온몸으로 설하고 있다. 꽃은 시들어도 묘연하다. 이 도리를 알아들을 수 없다. 가끔 선어록을 매만지다 깜짝 놀란다. 당연한 말씀이 천고만리의 진리로 매김 될 때이다. '운재청천(雲在青天) 수재병(水在瓶)'이 또한 나를 한동안 잡아 놓았다. 가슴이 뜨거워지고 밤송이를 삼키는 것처럼 메워지고 따가워진다. 다시 익어간다.

자사 이고(李皐)는 불교에 깊이 심취한 관리로 제가 석두회상에 있을 때는 "마치 모기가 무쇠 소위에 기어오른 것 같았습니다"라는 말에 마조선사에게 대오하였음을 인가받은 덕 높은 선사였다.

이고가 약산에게 물었다. "어떤 것이 도(道)입니까." 약산은 손가락으로 호중의 위와 아래를 가리키면서 물어 말했다. "알겠는가." 이고가 답했다. "모르겠습니다." 약산이 다시 말했다. "구름은 하늘 위에 있고 물은 병 속에 있느니라."

'어찌 귀만 밝고 눈은 어두운가' 하고 자사 이고를 꾸중하던 깡마른 노장의 첫마디가 이렇게 심하게 가르침으로 돌아올 수가 있을까? 이고는 "몸은 연마하여 학같이 되었는데 천 그루 소나무 밑에 두어 권의 경이로다"라는 찬란의 게송을 적어 올렸다.

글제가 선택되면 기다린다. 쓰고 싶을 때까지 공부하고 독서하면서 헐떡거림을 가라앉히기 위해

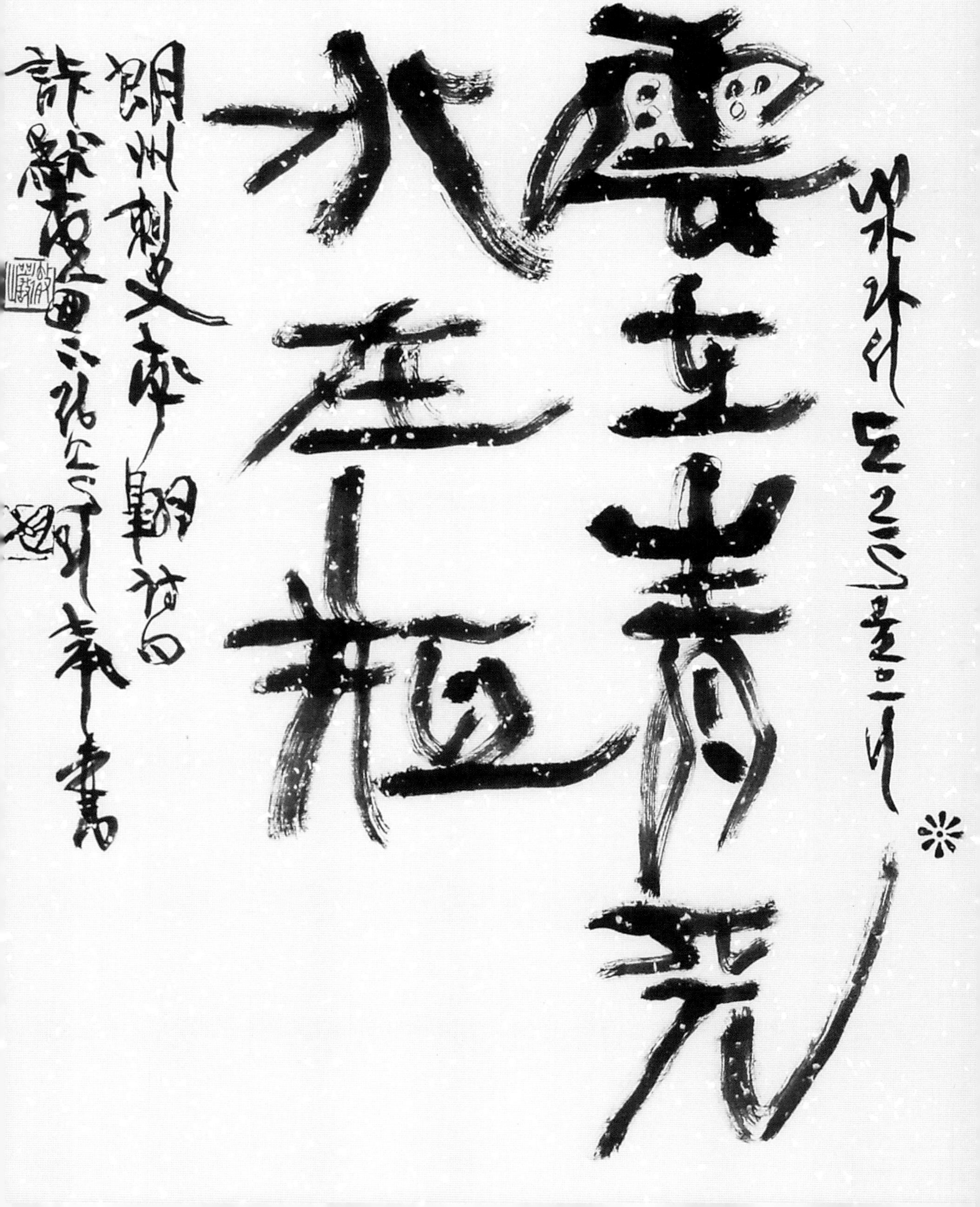

산책도 하고 낮잠도 자며 방책을 찾는다. 나에게 책읽기는 공부요, 생각은 창조이며, 붓글씨 쓰기는 실천일 뿐이다.

억지로 시간에 쫓기는 작품은 그 불안한 감정들이 붓끝에 묻어나오기 때문이다. 옛 화두에 "선에 대해 말하기 전에 입을 씻어라" 하듯 생각이 집중되지 않으면 좌복에서 문자를 든다. 마음으로 글제를 매만지다 좌로 치고 돌려 치고 메치다보면 어느새 글제는 푸른 눈을 갖춘 납자의 선정처럼 군살 없이 정갈한 채 가슴에 박힌다. 훌륭한 글씨는 마음을 씻고 붓을 정갈히 씻는데서 부터 이루어진다. 사는 일 또한 이와 다르지 않을 것이다.

화선지는 먹을 받아들이고 먹은 제 몸을 갈아 글씨에 생명을 불어 넣고, 다양한 먹색의 변화가 호응하여 하나가 되어 글 꽃이 된다.

고개를 든다. 앞산은 구름이요, 뒷산은 나무들이다. 있는 실상을 그대로 받아들이는 이것이야말로 가장 큰 공부이며, 자신의 완성으로 가는 위대한 시발점이다. 약산과 이고의 만남 같은 귀한 인연이 언제쯤 올까? 붓을 들었다 놓을 뿐이다. 구름은 하늘에 있다. 아니 내 마음에 있다.

조사 한마음 변하지 않는 그 마음

한 점의 작품은 부처의 마음

오롯한 한 생각이 같이 일어나는 참으로 거룩하고 위대한 어쩌면 다시 오지 않을 아침 앞에 고개 숙여 두 손 모으며 나만의 작은 의식인 기도를 올린다. 누구에게도 아닌 나를 위한 거창한 성찬이고 예의 다해 갖춘 예찬이 나만의 리추얼(ritual)이다. 옛 말씀에 현재의 마음이 변하지 않고 살아 있는 사람을 조사라 했으며 생각을 들 때 날 때 즉각 양변을 버리라고 말씀하셨다.

일어나고 사라지는 그 시작도 없고 끝도 없는 그 자리, 그것 그놈 생각은 내심이 지어내는 말하지 않는 언어이다. 마음이 생기기에 갖가지 법이 생기고 마음이 해결되면 갖가지 법마저 소멸된다고 하셨다. 실체도 없고 머리도 꼬리도 없는 환영에 잡혀 이리 저리 헤어 나오지 못하는 그 마음의 실체는 어디에 있을까? 아침에 일어나는 만상들은 열어놓은 창문의 부드러운 바람이 가져가버린다. 참으로 행복한 시골의 보약아침이다. 기도가 있어 더 좋다.

"석가가 들어오면 조선의 석가가 되지 않고 석가의 조선이 되며 공자가 들어오면 조선의 공자가 되지 않고 공자의 조선이 되며 무슨 주의가 들어와도 조선의 주의가 되지 않고 주의의 조선이 되려한다. 중국의 석가가 인도와 다르며 일본의 공자가 중국과 다르다"라고 단재 신채호 선생은 말씀하셨다. 우리의 석가, 공자가 필요하다. 서예도 붓글씨를 잘 쓴다는 것은 중국 선대 서예가들의 글씨를 흉내 잘 내어야하고, 불교 또한 팔만사천경을 다 외우고 말씀하셔도 그 또한 중생의 행복한 삶에 무슨 소용이 있을까 주체적 삶이 되어야 한다. 부처의 삶을 뛰어넘는 행을 위해 내 부처의 생을 사는 것 아닌가! 지금은 거친 손으로 스승의 탁월한 서예를 수행하여 스승마저 찬탄하게 하

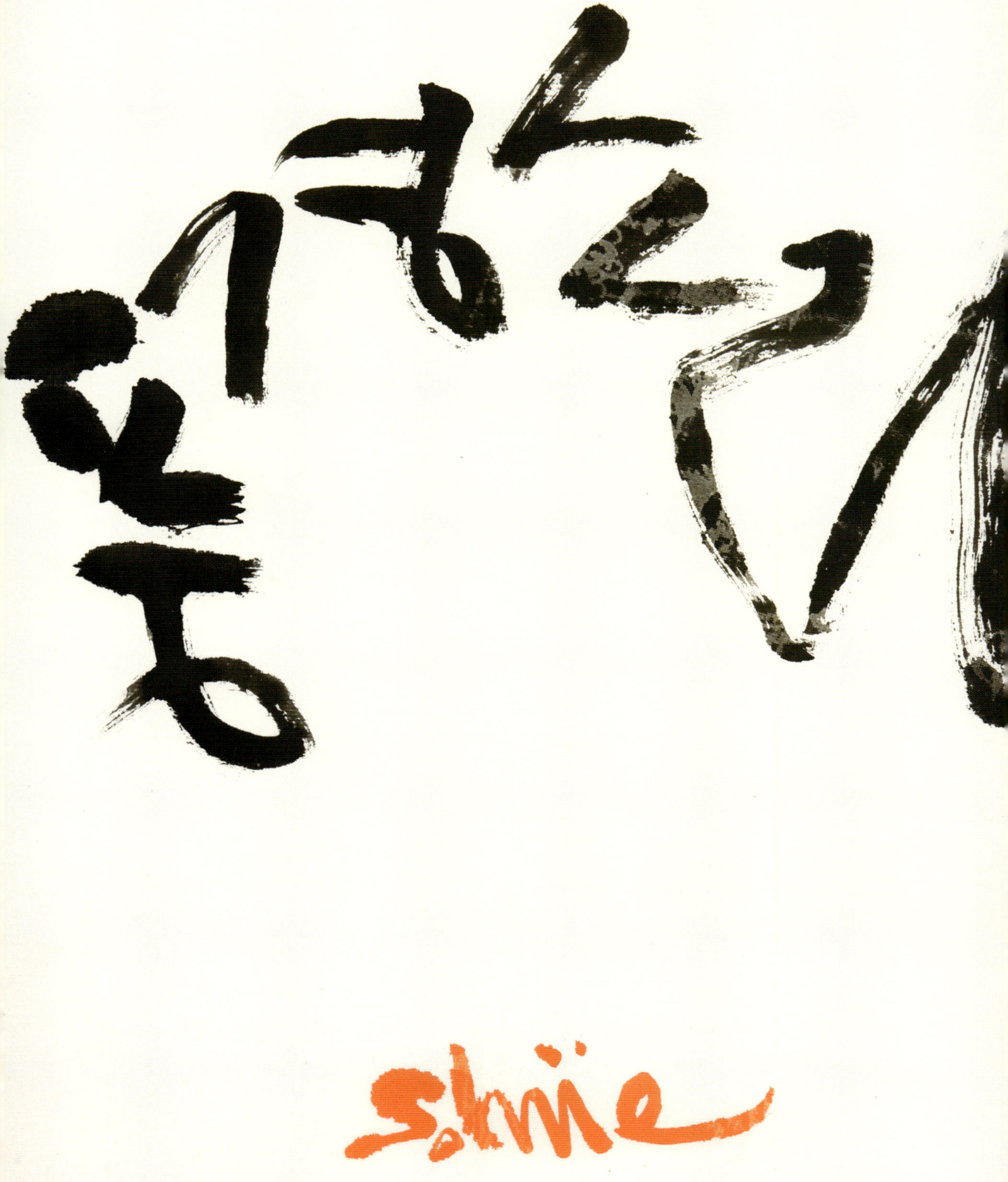

는 그날을 위해 참고 견디고 이겨내야 한다. 한 개인의 탁월한 의식은 사회를 송두리째 바꾼다.

공약마다 빈 봉지이며 정책은 언제나 땜질식이며 과거사만 있고 미래가 없는 현실을 지금 부처님이 나투신다면 무슨 말씀하실까. 내 안에 답이 있다. 생각하는 그 자체가 답이며 질문 속에 답 있다. 바보는 자기이익에 집착하고 부처는 다른 사람의 이익에 헌신한다. 전시회 작품의 글제(題) 하나가 관람자의 삶을 송두리째 바꿔놓는다면 그 작품이 성현이요 부처가 되는 것이다. 깨달은 자의 내적 언어를 새겨듣는다면 삶은 행복 그 자체 일 것이며 자주 쓰지 않는 감탄사를 연발할 것이다. 생각은 좋은 생각만으로 시간이 부족하다. 풍경소리가 철없이 맑은 아침, 새들은 자신의 옥타브로 명함을 내놓는 이 진풍경, 한마음 변치 않는 그런 사람 참으로 뵙기 싶지 않다. 내 잘못이다.

수외갱무사

조는 일 외에 뭐가 또 있겠소

근래에 작품에 잡혀 헤매 본 적이 있는가? 작품의 감상은 임금 앞에 불려 가는 신하의 마음으로 다가서야 말을 건다.

좋은 작품은 좋은 사람을 뵈올 때처럼 환하게 눈뜨게 만든다. 기어들어가야 하듯 들어선 누추한 시골 방이 넓고 환해지는 기분을 느낀 적이 아마 30대 초반 정도였을 것 같다. 벽에 걸린 족자 작품 한 점 때문이었다. 몇 잔 차를 마시고 한가한 대화들이 오고 갔건만 나는 생각을 지울 수 없어 그저 화롯가에 데인 가슴처럼 놀라움으로 차 있었다.

수외갱무사(睡外更無事). 이 대명 천지에 저런 말씀이 있다니 물어 볼 수도 말을 걸 수도 없는 글귀 앞에 누가 매어두지도 않았는데 꽉 잡혀 있었다.
가슴에 담아온 천 냥 만 냥의 글감을 어찌할 수 없어 오랫동안 담고 살다가 20여년이 지난 뒤 전시회 때 작품으로 내놓았다. 함량 미달이었다.

화들짝 놀란 선적인 기운을 담아내기까지 실컷 졸고 낮잠 자고 바쁘게 살았건만 글씨보다 내용이 주는 용량은 담을 수가 없었다. 그리고 10여년이 지나 작년 환갑 전시회 때 시의 전문 20자를 네 폭의 주련으로 쓰고, 편액의 형상으로 睡覺堂(수각당) 당호를 내걸었다.

눈 밝은 납자들께서는 글씨 좋다 하기보다는 '당호(堂號)' 쓰면 좋겠다고 야단법석이었다. '머리를

숙이고 항시 조는 일 조는 일 말고는 무슨 일이 또 있단 말인가 조는 일 말고는 다시 일이 없어 머리 숙인 채 항상 졸고만 있네'라는 오언절구에 기막힌 시는 부족한 저의 작업실 낮잠 자는 방 이름으로 문설주에 붙어져있다.

이 시절에 구멍 뚫린 고목 아래 낮잠을 조는 스님을 뵐 수 있는 시절 인연이 아니지만 반나절의 낮잠을 지위 높은 자리와 녹봉과도 바꾸지 않겠다는 선사의 시가 참으로 시골에 잘 곰삭은 청량고추의 매운맛이다.

눈뜨고 살아도 코 베어지는 세상 속에 주렴 내리고 곧추 세운 허리 눕혀 뜬 눈으로 한숨 자는 낮잠 세상만사 잊어버리고 죽었다가 살아나는 밤잠은 몇 섬의 보약이다.
졸고 있는 한 도인의 미소가 떠오르고 경허 큰스님의 큰 체구가 졸고 있을 것을 생각만 해도 웃음이 나오는 오후, 낮잠이나 살짝 자 볼까? 조는 것 말고 한 일을 다 마치신 무사 도인이 그리운 시절이다.

다시 그 족자 글씨가 보고 싶다. 차 대신 소주 한 잔 올리고 싶다.

임제 노장의 기침, 덕산 노장의 방망이

어디에서나 주체적으로 산다면…

한방 더 얻어맞고 싶구나! 누가 나를 위해 때려 주지 않겠는가? 어리석은 곰은 방망이(棒)를 쓰고 영리한 사자는 할(歇)을 쓰나니…. 임제 할, 덕산 방은 불가(佛家)에 일자(一字) 선(禪)으로 잘 알려져 있다.

때려줄 스님도 계시지 않고 방망이 맞을 스님도 없으니 참으로 많은 변화가 있다. 세속에서 부모님께 주어지는 사랑의 매도 법적으로 사용할 수 없다고 하니 참으로 어찌해야 옳은 것일지 인생에 정답은 없고 명답이 있다고 하지만 쉽지 않다.

마조할, 임제할, 덕산방, 이 귀한 물건이 고정되고 잘못된 관념과 사념속에 집착하고 끄달려 있는 고리사슬을 끊고 깨우쳐 주기위해 설명으로서 문자로서 도저히 이를 수 없는 지경을 끊어내는 거룩한 행위이다.

〈임제록〉 감변(勘辨)편에서 임제4할을 상세히 설하고 있다. 어느 때의 할(歇)은 금강왕 보림같고, 앉아있는 금보사자 같으며, 물고기로 풀을 유인하여 잡는 탐간영초(探竿影草) 같아 선사가 할로서 제자의 근기를 시험해 보거나 어느 때 할은 작용하지 않는 할로서 일체를 거두어들이는 할이다.

방(捧)은 어리석음을 깨우쳐 주는 것과, 바른 깨달음으로 인도하고 견해를 인가 해주기도하고, 수행자의 어리석음을 아프게 일깨워 주는 등 참으로 귀한 방망이이다.

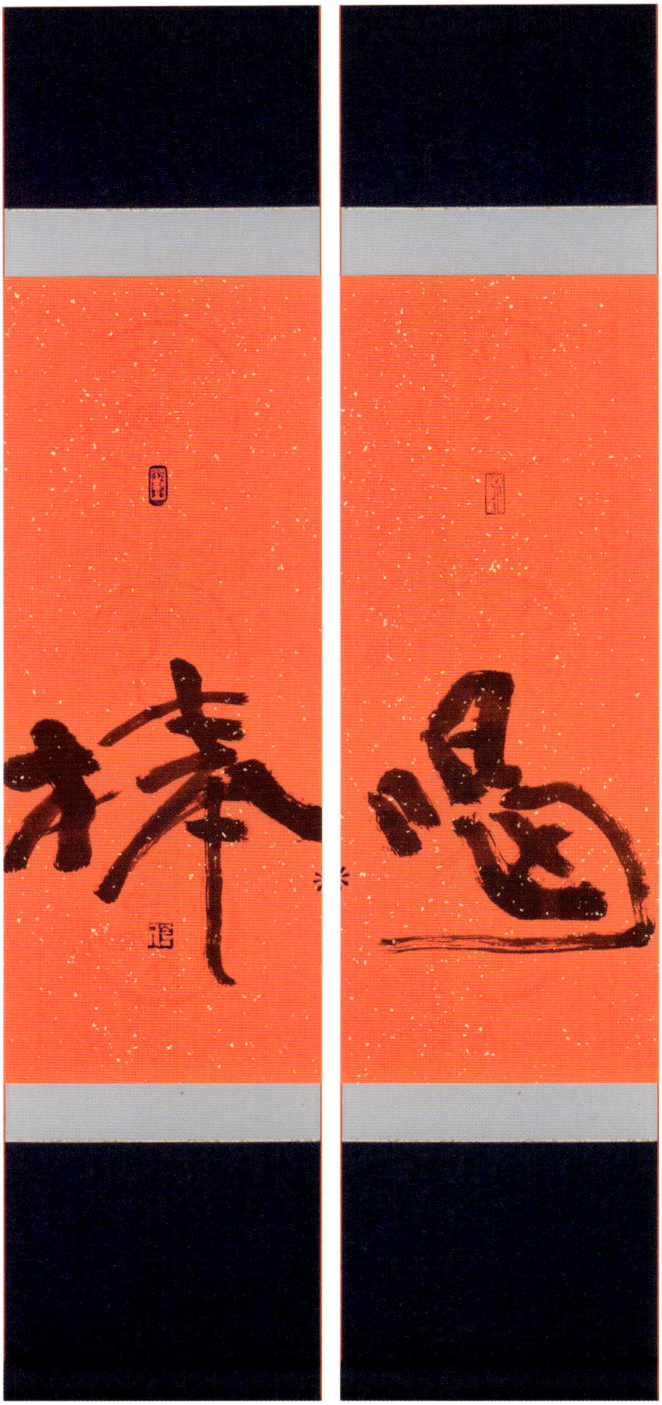

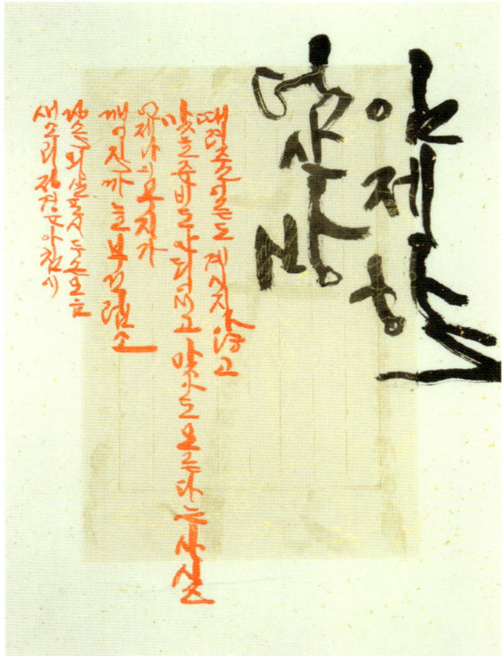

내 글씨 그런 마음의 붓질이다. 붉은 색 화선지에 두 폭의 작품을 한 작품으로 완성되는 대련(對聯) 작품으로, 화선지색상, 크기, 서체 등에 따라 글씨 운필의 묘를 살렸다.

귀고막이 터지고 정신 번뜩 깨는 할과, 한방 맞음으로서 미혹함에서 벗어나는 따끔하게 매운맛이 있는 방망이는 몽매함을 날려 보내는 큰 일대사(一大事) 이다.

지극한 가르침은 사량분별로 능히 헤아릴 수 없다. 헤아리고 잔머리 돌리면 망념으로 환각과 헛꽃만 본다. 급하면 조급히 움직이고 늦추기만 하면 흐리멍텅해진다. 과거에 형상에 메인 채 시대적 상황을 읽어 내지 못하는 종교와 글씨는 생명력이 없다. 무명을 깨칠 고함(歇)도 아니고 정신 번쩍 들게 할 수 있는 방망이(捧)도 아니고 사람 속이고 멍들게 하는 시간 낭비이다.

임제 선사는 따갑게 가르친다. 노승의 할을 흉내 내지 말라. "어느 곳에서나 주체적인 삶을 산다면 그가 바로 살아 있는 진정도인이다."

남의 슬픔까지 안아주는 마음자리

중생을 위한 마음, 사무량심(四無量心)

세상에 우리 모두는 타인이다. 나는 온통 이런저런 일로 번뇌까지 가불해 살다보니 자신의 삶도 돌아보기 벅차니 남까지 살피기 싫지 않다.

부처님의 거룩한 가르침에 중생을 위한 한량없는 끝없는 마음을 사무량심(四無量心)이라 하며 자비희사(慈悲喜捨)를 말한다. 사무량심은 수행이며 사유이고 모든 선근의 근본이 되는 것이다. 자신을 돌보고 남까지 돌아보는 수행이며 세간에 자비희사는 중생을 향한 절대 절명의 큰 가르침이다.

자애심은 내면서 모든 존재에 행복을 주면 수행인에게 분노가 소멸되고, 남의 슬픔을 같이 안아주는 비(悲)심에서는 남을 헤치는 마음과 남의 고통에서 벗어나게 해주는 힘이 자라며 고통을 여의고 즐거움을 얻어 희열(喜悅)에 들면 질투심이 사라진다. 사(捨)에서는 교만과 아만심마저 사라져 있는 그대로 수용하여 분별심을 내지 않는다.

또한 대승불교의 실천 행으로 사섭법(四攝法)이 있다. 얼마 전 템플스테이에서 새벽기도 후 스님의 지극하신 법문이 떠오른다. 보시섭, 애어섭(愛語攝), 이행섭, 동사섭이다. 섭(攝)이란 "품안에 들이고, 끌어들이고, 교화하다의 뜻이 되는 것이다. 새벽기도에 조금은 낯설고 어리둥절한 젊은이들의 환희에 찬 모습이 생생하다.

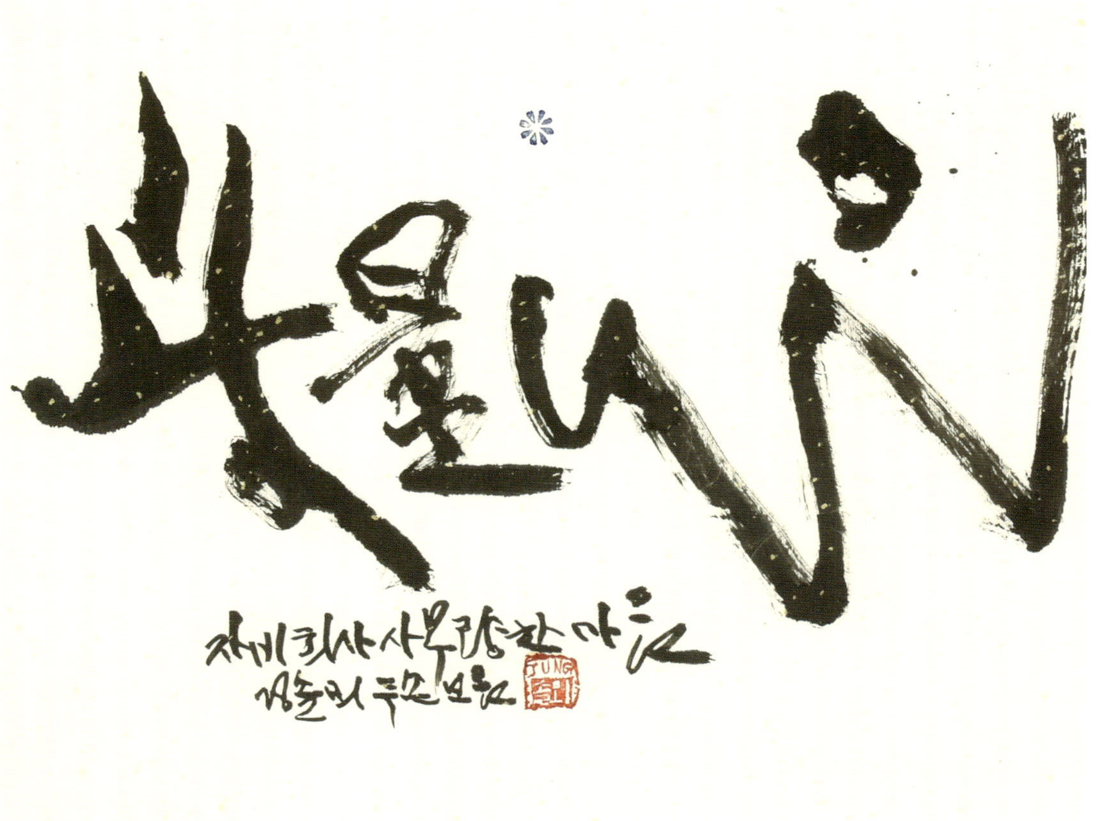

보시(布施)는 타인에게 진리의 말씀이나 재물을 베푸는 성스러운 행위이고 육바라밀중에서 첫 번째이며, 애어섭은 부드럽고 따스한 말로 부드러운 얼굴로 이끌고 안아주는 것이며, 이행(利行)섭은 남에게 이익을 주려는 선한마음 이타행이며, 동사(同事)섭은 동체대비심으로 아픔까지 느끼고 적극적으로 도와주는 남의 슬픔까지 안아주는 마음자리가 가장 숭고한 보살행이다.

불제자로 살고 있지만 어느 하나 실천하지 못하는 어리석은 삶이지만 자비희사와 사섭법의 아름다운 행보에 다가서는 불제자의 초심으로 돌아가야겠다.

들판집 앞에 불어오는 겨울바람이 참되게 살아라. 자꾸만 호되게 30방망이 사정없이 내려친다. 그저 고마울 뿐이다.

곳곳에 계시는 선지식

보살도를 성취하는 근원

팔자를 고치는 약이 있다. 눈 밝은 스승을 만나는 일이다. "사람으로 태어나는 일도 어렵건만 부처님 만나기는 더욱 어렵고 눈 밝은 선지식 만나는 일은 큰 바다의 눈먼 거북이 나무 구멍 만나기보다 어렵다." 눈 밝은 스승과 도를 지닌 도반 만나기가 어찌 쉬운 일인가! 선지식은 어리석음에서 깨어나 오롯한 자신이 붓다임을 깨우쳐주는 선지자이거늘 범천에서 겨자씨 던져 바늘 끝에 올리기보다 힘든 일이다.

글을 쓰면서 읽어줄 사람이 누군가를 모른다. 아니 아무도 읽어줄 이가 없다고 생각하니 쥐고 있던 연필 끝이 자꾸만 무뎌진다. 한 작품을 쓰는 일이 정신을 파내는 영적 수신(修身)과 수심(修心)의 일이라 여기며 시간을 다투어 쓰고 찢고 지우고 하루 종일 바쁘게 살 수 있는 것이 복이다.

잡문의 원고를 다듬고 먹을 갈고 정갈히 작업실을 준비하는 그 시간이 주는 아름다운 행위는 내가 나에게 바치는 온전히 위대한 아름다운 그 순간이다.

내 마음에 오롯하게 깨어나는 아름다움이라는 선지식을 받들어 모시는 일이다.

오랜만에 다시 읽은 헤르만 헤세의 〈싯다르타〉에서 뱃사공과 싯다르타의 선문답 같은 대화는 크게 나를 돌아보게 하였다. 참으로 잃어버린 나를 찾는 숭고함이었다.

선재동자 53선지식의 구도행에서 바시라(婆施羅) 뱃사공을 만나 뵙기 전 "내가 선지식을 가까이 모실 것이다. 선지식은 보살도를 수행해 성취하는 근원이고 바라밀의 도를 성취하는 근원이고 중생을 거두어 수행하는 근원"이라고 간절히 기도하는 소리가 들린다.

큰 스승은 선근의 인연 공덕 없이는 만날 수 없다. 도처에 눈멀고 남의 말 못 듣는 스스로 선지식이라고 자명하는 이가 많은 것 오탁악세의 징조이며 나의 칠통 같은 머리를 아프게 충격 주는 작품이 또한 나에게는 위대한 선지식이다.

운문의 떡, 조주의 차

참마음으로 마시는 차 한 잔의 법열

"산머리에 걸린 달은 운문의 떡이요, 문밖에 흐르는 물은 조주의 차(茶) 일세." 이 글귀에 "어느 것이 참 삼매(眞三昧)인가 구월의 국화는 구월에 피는구나."

시골집 기둥에 주련으로 걸어놓은 작품이다. 이 주련에는 귀한사연이 있다. 작품의 주인은 묘한 경계로 소유주가 바뀌기도 하는 법이다.

당호가 일숙각(一宿覺)인 다승(茶僧)의 토굴에 15여 년 전, 추사선생의 작품에서 다륜(茶輪)이라는 이름을 차용하여 차실의 현판으로 내걸고 계실 때 걸었던 주련이 지금은 내 시골 초암(草菴)에서 찾아오는 이와 새들과 달도 보고 떡도 나누고 물소리도 들으면서 차도 한잔 한다오.

이 어떤 것이 참 삼매일까요? 어느 것 하나 버릴 것 없는 한 물건인데 엄동설한 지나야 매화향기로 피어나고 살구꽃은 삼월에 피고 가을국화는 가을에 피는 법 세간 억지로 되는 것 없고 열 개중에 여덟아홉은 생각과 같지 않는 법이니 이 어찌 하겠는가 만감이 교차한다.

한가한 경지에 자기 자랑 하지 않고 남 흉보지 않고 환담하면서 나누던 그 귀격의 찻 자리, 눈이 가는 자리에는 스님의 인품과 안목이 고스란히 간 베어져있는 작품과 기물들이 참으로 제 자리에 앉아있는 그 모습 자체가 득도한 노승의 미미한 미소 같았다.

한 잔의 차는 한마음을 체득하는 묘약이었고 큰 깨우침이었다. 평생 다도와 불교와 탁월한 인문학적 소양이 말없이 설하는 가르침이었기에 세속의 화려함도 억지로 꾸며놓은 인위적인 겉치레가 헛꽃임을 알게 해주는 그 자상함이 생각 밖의 생각을 얻게 하고 명상 속으로 젖게 드는 위대함은 다륜실 주인의 자비행이었다.

불교의 명구 한 구절이 부처님의 설법을 듣고 느끼고 만지게 해주니 눈뜬 자는 자세히 살피고 새

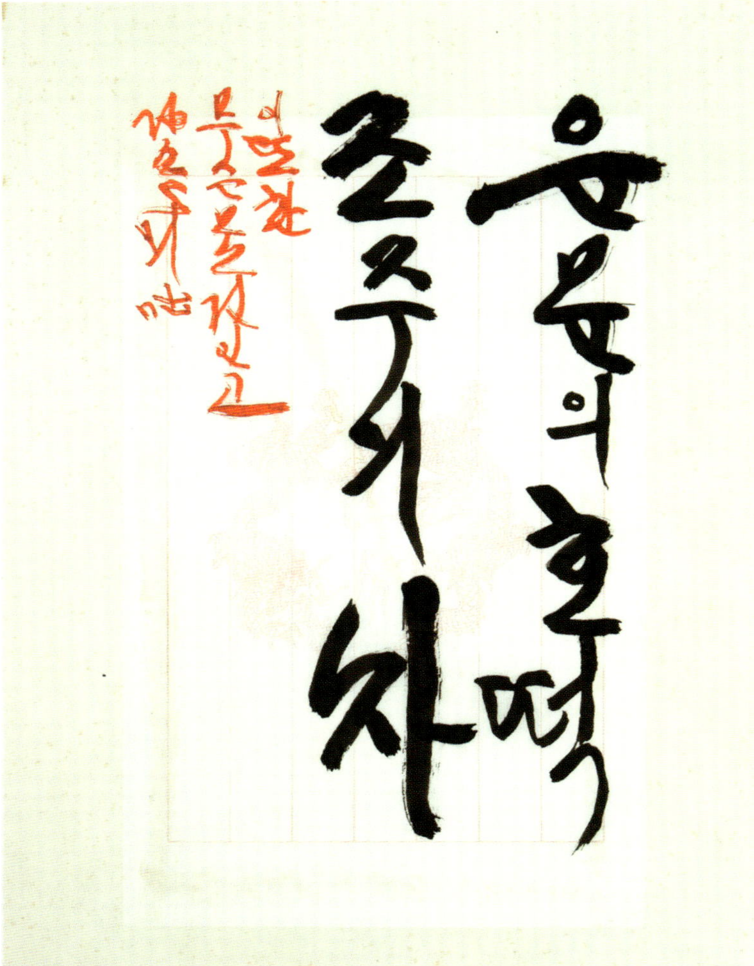

겨야 할 것인데 불자들의 살림살이가 어떠한지는 알 수 없다. 불교전문서적이 많이 읽히지도 팔리지도 않는 시절이라니 기댈 자리가 아리고 성글다.

2월 매화는 2월에 피고 3월 매화는 3월에 핀다. 선근과 근기에 따라 오이꼭지는 쓴맛이기도하고 달기도 하다. 시골처소에 걸린 주련을 다시 스님의 새로운 처소에 걸어 드리고 싶다. 그 자리가 어느 곳이든지 꽃비가 내릴 것이고 차향은 부처님의 심향일 것이다

저의 손을 떠난 모든 작품들에게 극진히 한 잔의 차를 올리는 거룩한 이른 아침 마음이 먼저 차심에 젖는다.

입 닫고 웃는 뜻을 어찌 알겠는가!

태초에 있었던 '깊은 침묵'

태초에 우주에는 깊은 침묵이 있었다. 한 침묵 끌어안고 이산 저골에서 탐진치를 한 짐 쥐고 이겨내고 있다. 짊어진 짐은 번뇌도 망상도 깨우침도 권력도 죄업도 아닌 인연연기의 무게, 벗어 던질 수 없는 무엇이다. 말로써 글로써도 말할 수 없다. 침잠하고 입 다물고 있다고 침묵하는 것은 아니다. 말없는 말로 묵식심통(默識心通)하여 생각을 전하고 받을 수 있다.

가끔 어르신들을 만나기도 한다. 하고 싶은 말도 아는 것에 대해 말이 많으면 크게 믿음이 가지 않는다. 말로 기운이 세어나가고 도가 빠져나간다. 예술가들은 자기자랑하고 남 욕하는 동안에 창작의 기운이 새어나간다. 잠잠할 묵, 입다물 묵 이라고 쓰는 한자 묵(黙)은 개가 입 다물고 사람을 따라가다 라는 뜻에서 입다물다의 뜻으로 사용되고 있다. 묵(黙)은 묵(嘿)한자로 달리 쓸 수도 있다. 선방이나 사찰 공양간에 가면 의례히 침묵이라는 글자로 크게 써놓았다. 나에게 글자를 부탁하기에 묵(嘿)으로 써주었다. 적어도 침묵하려면 입안이 검게 될 정도는 하여야 한다는 생각에 달리 써주었다. 적묵하고 묵언하고 묵좌하고 묵식(默識)하고 '묵'자 한 자 만으로도 천근만근의 무게로 태산 같은 무게감으로 다가와 붓 들기가 무섭다.

손님 만나 어쩔 수 없이 많은 말을 하고 집에 돌아오면 늘 반성하지만 고치지 못해 안타깝다. 자성할 때의 명약은 침묵과 고요만큼 특효약은 없다. 고요도 연습이 필요하다 말하는 것이 지식의 영역이면 듣는 것은 지혜의 영역이다.

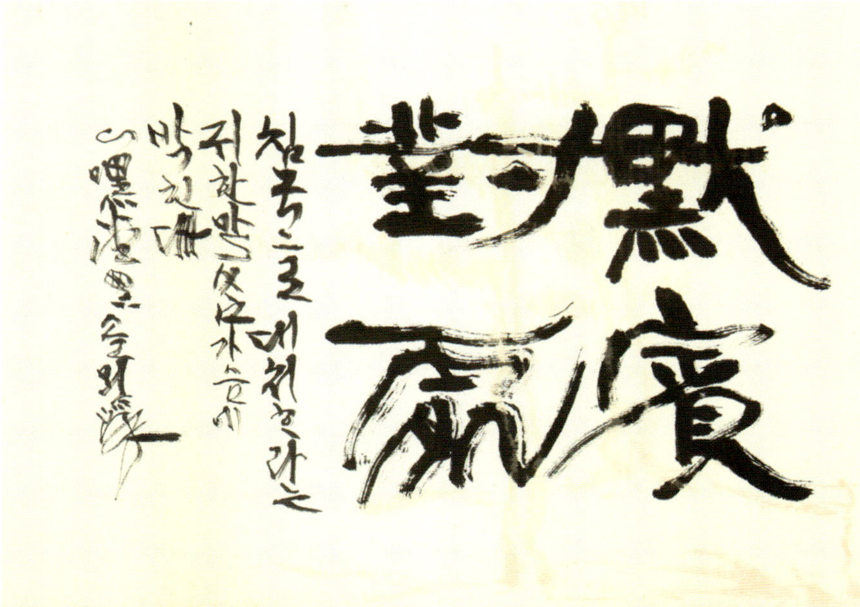

부처님 말씀 중에 “묵빈대처(默賓對處)” 즉 침묵으로 대처하라는 말씀이 있다. 찬타카 비구의 악행을 아난이 부처님께 여쭈었을 때 깨우침의 시간을 주라는 말씀이 서로의 갈등, 인간의 관계, 미묘한 감정을 넘어 서는 묘한 처방전이다.

지극한 가르침은 어둡고도 고요하다. 고요함 그것을 잘 받들어야한다. 자기 자신 속에 함몰되고 침잠하고 깊은 심연 속에 몰입되고 천착해야 한다.

15년 전 금당에서 5년째 묵언 수행중이시던 비구니 스님의 공부가 궁금하다. 입으로 하지 않는 말씀 중 어떤 말이 가장 많았을까! 몇 년 전 찾아왔을 때 묻고 싶었지만 참았다. 침묵과 묵언의 끝이 머무는 자리가 어디일까?

허공도 적연하다. 고요히 앉은 뒤에야 보통 때의 기운이 들떠있음을 알았고 침묵을 지키고 보니 지난날의 언어가 조급했음을 알아차리는 기분 좋은 낯선 저녁이다. 한 침묵이라는 호(號)를 썼던 기억도 침묵하고웃는 뜻을 알 것 같다.

'부처'란 이름이며 글귀 일뿐

도는 말을 초월한 곳에 실재

"그대들이 밖으로 향하고 옆집을 찾아 헤매면서 찾아보아도 그르칠 뿐이다. 단지 부처를 구하려하나 부처란 이름이며 글귀일 뿐이다"라고 임제 선사는 두 눈 부릅뜨고 설하였다.

부처란 모두가 이름에 불과하며 푸른 소를 탄 도인께서도 이렇게 말했다. "도를 가히 도라 할 수 있는 것은 떳떳한 도가 아니요, 이름을 가히 이름이라 할 수 있는 것은 떳떳한 이름이 아니다." 도(道)는 말을 초월한 곳에 실재하는 것이며 말과 함께 글과 함께 있는 것도 아니다.

중생들도 태어날 때 완전 구족한 근기를 타고 났기에 누구나 부처가 될 수 있다고 힘주어 가르치고 있지만, 스스로 미망에 갇힌 중생이라고 생각하고 깨어 있지 않는 행을 하고 있다.

석가모니 부처님은 모든 부처님의 표상이며 천상과 인간세상의 스승이시며, 세상에서 번뇌를 끊어 더 이상 끊을 것이 없는 분이시며, 마땅히 공양 받아야 할 분이다. 누구에게라도 마땅히 공양 받을 분이 된다는 것 참으로 위대한 일이다.

서예작품에는 낙관이라는 부분이 있다. 작품을 할 때 호(號)를 쓰는데 추사 노장은 500여 개 넘었다고 한다. 생각이 갈 때 마다 경계에 맞춰 호를 지어 자신의 정신을 매만졌기에 우리에게 완당 노장은 영원불멸의 스승이며 호는 또 다른 작가의 의지 표현이다. 내 자신도 몇 십 개의 호를 작품의 글제와 그때의 조건에 따라 쓰고 있다. 내 공부를 넘어서기 위한 지독한 경책이고 다짐이고 반성이고 깨움이다. 자호(自號)를 해놓고 공부가 부족해 못 쓰는 호도 있다.

부처님 여래십호는 절을 올리며 부를 때마다 명치끝이 찡하고 가슴 저린다. 이번 작품은 부처 불(佛) 자의 표기를 달리한 옛 글씨이다. 중국에서는 부처를 이렇게 정의하여 쓸 수밖에 없었을까? 하지만 이 한자를 만날 때 나는 앉은 자리에서 생각의 찌꺼기가 사라지는 통쾌함을 느꼈다. 가끔씩 전시회 때도 작품으로 소화하여 세간 속에 던져놓았다.

눈 밝은 이는 보고 화들짝 놀란다. 만나기 쉽지 않은 풍경이다 새로운 글자를 만나는 일은 가슴 치는 일이며 혁명적인 창작 행위의 단초가 되며 내 수행의 새로운 경계를 열어주기에 늘 바쁘게 찾아 허둥거린다.

나에게 부처란 어떻게 한자로 표기해야 할까! 불제자들께서도 부처란 기억된 상식 없이 정의 할 수 있을까? 솔직히 생각해 보지도 고민해 보지도 못했다. 글자를 만나는 그 자체가 기쁨이기에 달리 그 무엇을 고민해야 할 일이 아니었다. 이번 기회에 한번 깨물어 볼 생각이다. 서예작품의 글씨를 해체분석 해보면 참으로 선명하고 머리 맑아지는 경계를 만날 수 있을 것이며, 형상 넘어 정신을 만날 수 있을 것이다. 한번 깊이 무겁게 참구해볼 일이다.

옛 선현들은 한 글자 때문에 턱수염을 다 뽑을 만큼 고뇌하였다고 한다. 형상은 형상 일뿐이다. 뗏목을 짊어지고 시내를 다닐 수 없는 것이다. 뗏목은 형상이고 허상이며 이름 일뿐이다. 선사들께서는 고함치고 쥐어박고 몽둥이 내려치지만 또렷하게 다가오는 의미에 한 기쁨 느끼는 것도 큰 공부이다.

조사는 조사일뿐 품계나 이름은 이름 일뿐이다. 프로필은 지나버린 일이며 한 줄의 약력도 부끄러운 일이다. 그 무슨 실체가 아니다. 완전한 자기를 만나는 일이 본래 자기를 찾는 일이며 영원한 불제자의 화두이다. 나는 스스로 부족하지만 불자 서예가가 되고 싶어 힘주어 이야기 한다. 무늬만 불자가 아닌지 흔히 초파일, 동지 불자는 아닌지 자성할 일이다.

명함 뒤에 숨지 말고 나서야 한다. 실력이 이르지 못하면 헛이름 일 뿐이다. 헛이름으로 살고 있지 않은지 깊이 반성한다. 앞산 송화산이 물 폭탄에 사라져 버린 천근만근의 한밤중이다.

대자유인의 본래면목

불자다운 불자가 많지 않네

불자는 많지만 불자다운 불자가 많지 않다는 말이 무섭다. 부처를 배우고 행한다는 것은 불제자에게 주어진 절대적 자유와 완전한 영적인 삶은 무엇인가를 일러준 그분의 가르침대로 행하여 대자유인의 본래면목인 자신의 길을 주인공으로 걷는 일대사(一大事)이다. 배운다는 데는 도리가 다른 것 없다. 알지 못하면 길 가는 사람을 붙잡고라도 물어보는 것이 좋다는 지극한 말씀처럼 배우는 것은 알기위한 것이고, 익히는 것은 행하기 위함이지만, 배우기만하고 행치 않으면 기뻐할 바가 없다.

〈잡아함경〉에 이르시길 "내 나이 29세 때 출가하여 도를 구했다. 내가 성불한지 이미 50년이 되었는데 계 · 정 · 혜의 삼학을 실천했기 때문이다. 지금 설법의 요점도 이것이다. 삼학을 실천하지 않으면 불교 수행자라고 할 수 없다" 하셨다. 정(定)이란 경거와 동요가 없는 평온한 상태를 유지하기 위하여 마음을 한곳에 머물게 함이며 몸과 마음과 호흡을 잘 다스려야 한다.

모든 공부에는 순서가 있고 지켜야 할 원칙이 있다. 글씨 공부도 참고본을 그대로 보고 그려내는 단계를 지나고 서법의 골기를 얻고 나면 자신의 수행과 증득된 미적의식으로 자신의 예술로 창작하는 행위는 인문학적 의식의 성숙 문제이지 절대 기능이 아니다. 추사 어르신은 '문자향서권기'라 정의했으며 문자향은 '고요'이며 서권기는 '그윽한 여운의 향기'이다. 서예도 초대작가는 많지만 실력으로 초대받는 작가는 많지 않는 실상이다. 내 자신도 늘 부끄럽고 몇 줄의 약력에 숨어 살지 않기 위해 수행정진 할뿐이다.

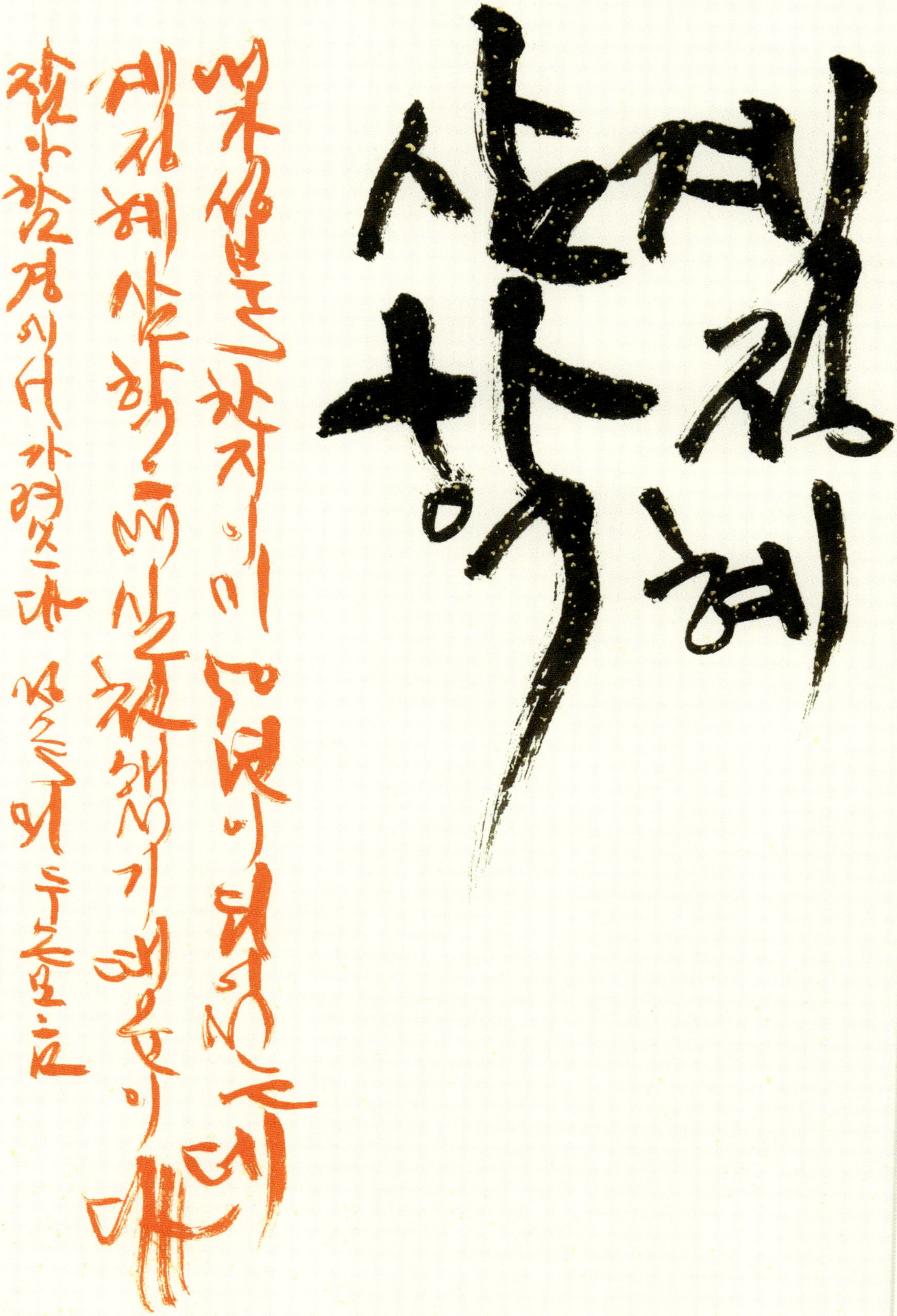

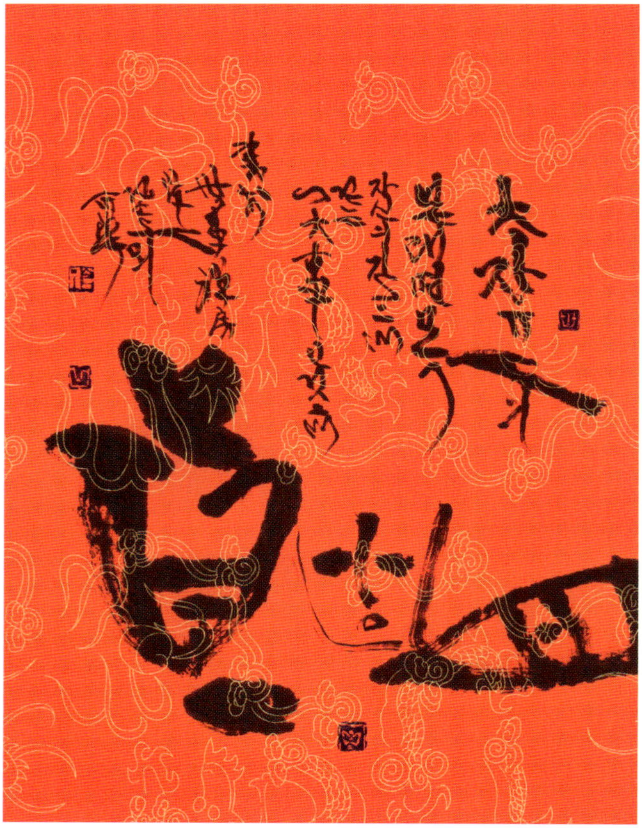

큰 스승 만나기 쉽지 않고 큰 스승 나오지 않는 사회적 여건 속에 무엇부터 어떻게 다스려가야 할지 불교수행이나 예술수행 또한 깊은 난제 속에 빠져있다. 대서원을 세워 노력하고 마음을 바르게 유지하며 지혜에 의해 관찰하는 일이 불제자의 몫이다.

진리에 의거한 중도적 삶과 무와 유의 양극단을 넘어선 공의 세계에 이르는 길이 불제자의 궁극이며, 환희심이며, 대자유인의 본래면목을 구족하는 일이다. 가시밭길을 지나야만 꽃도 보고 술 익는 마을에도 이를 수 있다.

같이 손잡고 길나서면 세상의 따스함도 느낄 수 있을 것이다. 지금 이 자리가 시작이고 끝자리이며 가장 좋은 시간이다.

나의 화두-이 물건

당신의 화두는 몇근입니까?

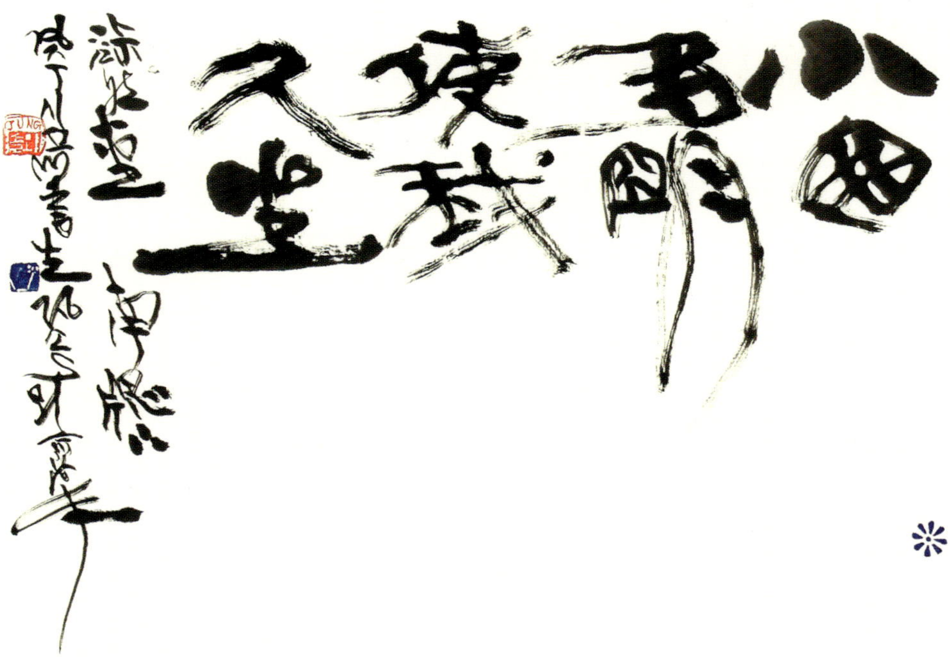

선의 수행에서 '행주좌와어묵동정'을 첫 자리에 놓는다. 생활 그 자체가 삼매 속에서 깨어있어야 한다. 그 순간만이 참삶이며 참다운 행복이다.
시절인연의 고마움으로 평생 서예로 인해 살아가고 수행의 매제로 할 수 있음에 눈물 나게 고맙지만 24시간 서예라는 이 한 물건으로 사람도 만나고 창작 행위하고 자리를 펴고 덮고 오롯이 이속에서 살아간다. 채소밭에서 고춧대를 묶어주어도 방울토마토의 옆가지를 잘 자라 주어도 온통 이 한 물건이 떠나지 않는 것이다.

내가 짊어진 이 물건, 서도(書道)라는 측량할 수 없는 이 놈인 것이다. 이 물건이 나를 끌어주는 물건이기 때문이다. 나는 어떤 것도 이것처럼 정성을 다해 보지 못했다 50년이 지났지만 더 깊어지고 빠져드는 이 실체는 무엇일까 오늘은 유난히 작은 창틈으로 새어드는 빛이 명징하게 드러나며 나를 오랫동안 자리에 앉아 있길 바란다. 참으로 복 받은 날이다.

가부좌에서 두 무릎과 청량골이 바닥에 닿게 되면 바닥에는 솥의 세발과 같이 또렷한 이등변사각형이 형상이 된다. 우연의 일치겠지만 서예의 첫 번째 기본자세이다. 머리와 양어깨 배꼽과 엉덩이 축의 관계는 결가부좌와 일치하는 형상이다.

풀리지 않는 서예창작 작품의 글제와 구도를 들고 좌복에 앉거나 의자에 앉는 일은 문자명상의 차원을 넘어서는 나에게 과분한 행위이다. 그저 좌복에서 멍때리기만 해도 생각의 잔가지가 전지되고 새로운 길이 생겨난다. 작품의 형상은 제형무상이기 때문이다. 잠깐이라도 고정된 상태로 보지 말아야한다. 늘 새로움으로 바라보아야한다. 지나버린 일에 쌓인 먼지를 털어내는 일이 아니면 깨끗한 자신을 만날 수 없다. 지나간 일만 생각하면 화(禍)가 되고, 생각의 폭만 넓히면 복(福)이 된다.

거칠고 황망하고 채소밭에 잡초를 메지 않아 거칠었던 나를 끌어 앉힌다. 틈틈이 작업장에서 먹을 갈고 거친 붓을 만진다. 이제 내가 먹을 가는 것이 아니라 먹이 나를 갈고 있다고 해야 할 것 같다.
움직임을 다스려 움직임이 없는 완전한 침묵의 상태 앉는 자리가 어디이든지 머리가 맑아지고 생각만으로도 환해지는 것 무엇과도 바꿀 수 없어 평생 자리 바꾸지 않는 부도처럼 깊고 깊다. 붓을 들고 내딛는 화선지 위에 첫 획은 심인(心印)이며 작위가 사라져버린 오직 지금의 나 "솔뫼다움" 일뿐이다.

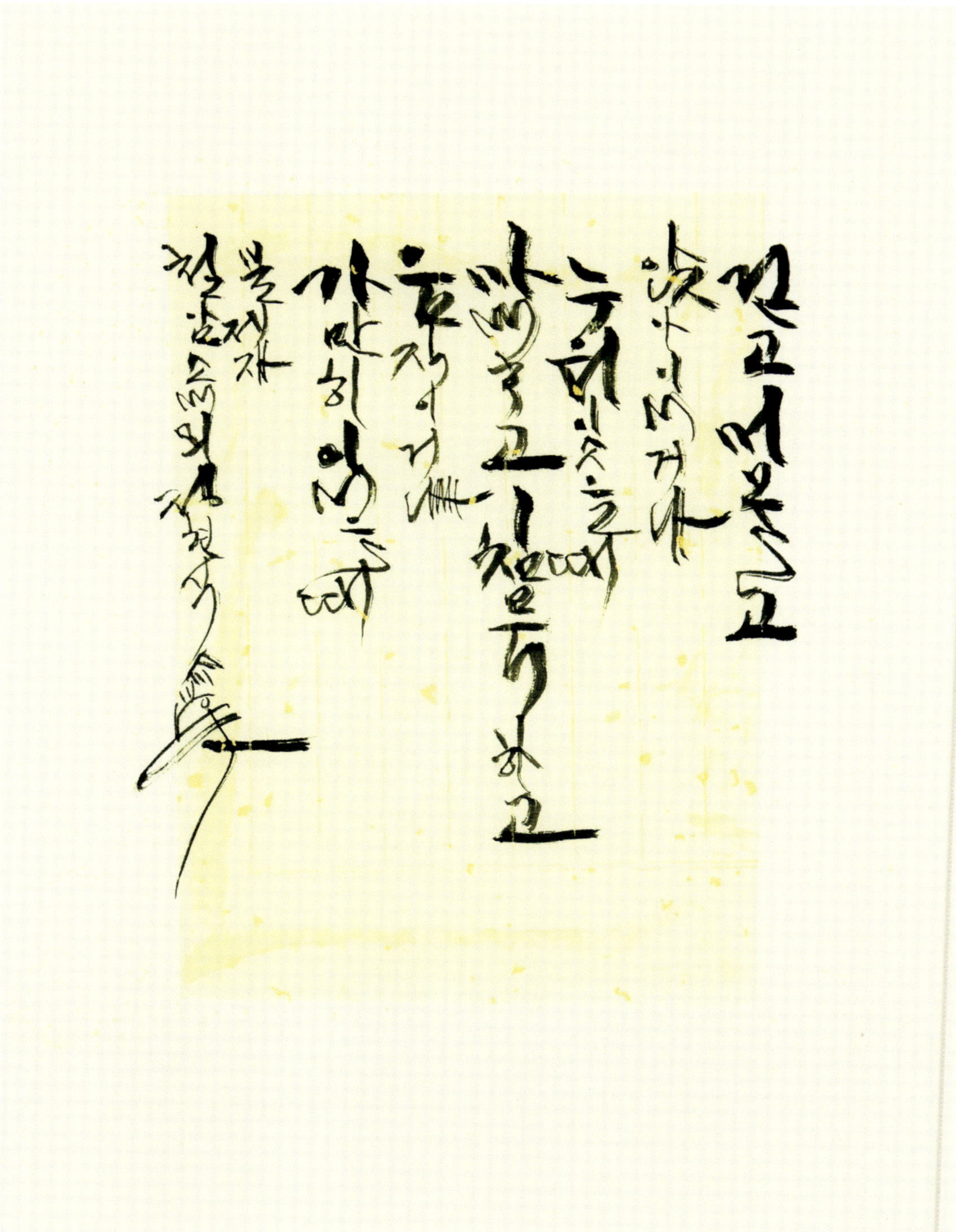

거문고 줄을 고르듯

팽팽하고 느슨함 알맞아야

무거운 아침이다. 세상 탓인지 개운치 않다. 불쑥 나를 깨우는 부처님 말씀이다.

"남의 잘못을 들추어 내지 말라 한 일과 하지 않는 일 중에 스스로의 행동을 보라" 말씀이 깊이 다가든다. 가르치는 일을 하며 알다보니 한사람 한명 그대들의 심장까지 걸어 들어가서 가르쳤건만 고마움보다 항상 결핍을 느낄 때 무척이나 쉽지 않음을 깨친다. 내 자신이 어디까지 다가서야하며 놓아야 할까 간극은 더욱 어려움을 통감한다.

부처님께서도 근기에 맞는 대기설법을 말씀하셨지만 능력이 다르고 남을 받아들이는 성품이 다르기에 하늘에 별을 따는 일보다 별을 붙이기만큼 어려움을 느낀다. 이 작업이 도의 경지에 드는 일이 내 자신을 만지는 일이 먼저이다. 남을 바르게 하려고 하지 말라. 그보다 더욱 어려운 일 너 자신을 바르게 세우라는 말씀에 등짝이 따끔하다.

붓만 들면 고개 숙여 작품을 하고 공부하지만 철저한 겸손과 알아차림이 "글씨보다 사람이 먼저다"라고 가르치지만 늘 수업이 끝나고 나면 개운치 못한 가르침에 반성한다. 누구를 가르친다는 것이 천겁의 업장을 한 겹 한 겹 벗겨내는 일이다고 내 자신을 다독이지 않으면 하루도 못한다. 그들은 내가 아니며 생각이 같지 않기 때문이다 참으로 힘들고 고된 일이다.

선가귀감에 "공부는 거문고 줄을 고르듯이 하여 팽팽하고 느슨함이 알맞아야한다. 너무 애쓰면 집

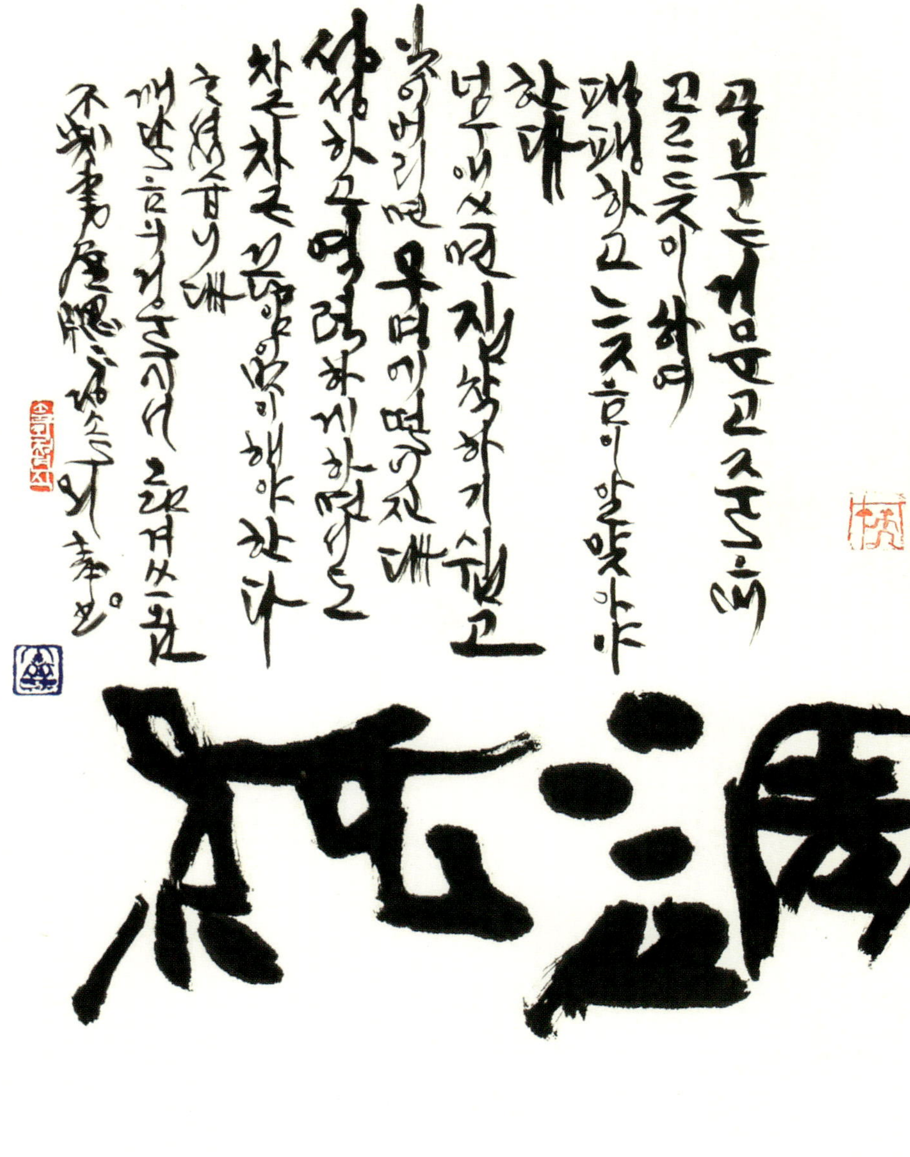

착하기 쉽고 잊어버리면 무명에 떨어진다. 성성하고 역력하게 하면서도 차근차근 끊임없이 해야 한다"라는 귀한 말씀에 굽었던 허리를 고추 세워 정신을 가다듬는다. 느리지도 않고 빠르지도 않으면 오묘한 이치가 그 속에 있다.

한 작품의 조화는 붓끝의 완급에 따라 보는 이에게 성냄과 평안함 감정을 조율하며, 선사들의 작품에서도 다급하게 성정을 끌어올렸다가 한없이 청산 암향의 깊이까지 끌어주는 일은 예술 작품이 발산하는 우주의 영적인 기운이다.

어느 누구도 충고는 좋아하지 않는다. 충고하여 고쳐지는 사람을 나는 본적이 없다. 칭찬이 나의 수업의 핵심이며 자비심의 발로이다. 위로하면서 참고 견딘다. 하얀 화선지 펴놓고 거문고 줄 고르듯 내 자신을 살핀다.

생각을 넘은 형상의 묘경(妙境)에 가끔은 놀라 불보살께 깊이 감사 드릴뿐이다.

겨자씨보다 작은 묘한 한마음

끝내 들지도 놓지도 못했다더라

“그 옛날 천하장수가 천하를 다 들었다 놓아도 한 티끌 겨자씨보다 어쩌면 더 작은 그 마음하나 끝내 들지도 놓지도 못했다더라.” 만악도인께서도 말씀하셨다.

이 마음의 자리하나 크기도 측량치 못할 그 물건을 굳이 마음이라고 정해놓고 문자에 꺼달려 온 마음 다 써도 알 수 없고 찾을 수 없다. 겨자씨보다 더 가벼운 내 마음 찾기 위한 구도행은 지극히 깊고 환희심 나는 일이다.

불교를 깨우침의 종교라고 말한다. 깨우쳐야 할 그 무엇이 무엇인가 2500여년이 지난 지금도 그 질문은 질문을 낳고 그 답은 또 다른 질문을 생산하는 묘한 이치는 얼마나 깊고 무겁기에 찾을 리가 없을까? 찾았다고 들고 다니는 자는 볼 수도 없고 찾은 자는 그저 고개 숙이고 말없이 홀로 자락, 자쾌(自快) 하니 그 심사를 헤아릴 수 없으니 이 또한 어찌해야 될 것인가.

말로 말할 수 없는 이 귀한 마음의 가르침, 꼭 깨물면 씨앗 속에 씨앗이 있지만 그 씨앗이 종자가 되어 꽃이 피고 열매가 되는 것은 시절인연만이 설할 수 있지 사람의 3치 혀끝으로는 말할 수 없다. 이 미묘한 묘각의 경지, 맛본 자는 소금은 짜고 맹물은 무미하다고 할 뿐이다. 누우면 자고 일어나면 앉을 뿐 말로써 말할 수 없어 전할 수 없는 이 한 물건 마음작용일세. 기신론에 “일체 경계는 본래 한마음이다”라고 단정 지워 말한다.

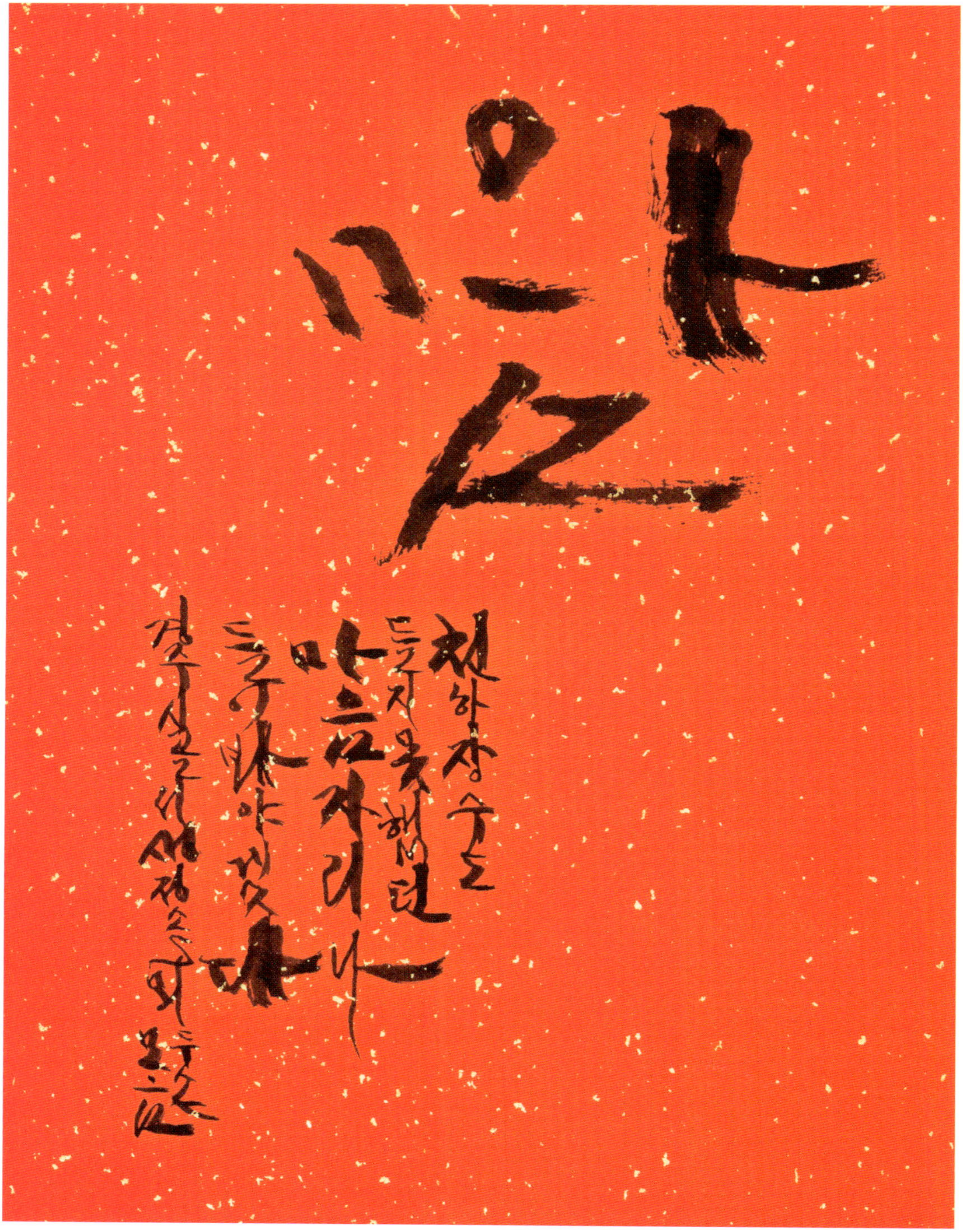

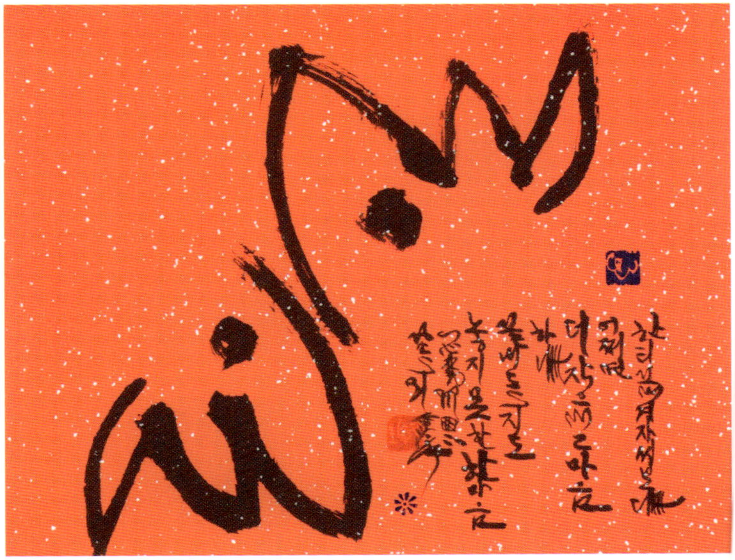

불교는 철저한 마음 다스림의 가르침이며 유교는 세상 다스림의 가르침이며 도교 또한 내 몸을 신선사상으로 끌어다주는 이념성이 바탕 되지만 불교, 유교, 도교의 그 어느 것도 마음 작용이 바탕이다.

시골 적거지에 바람이 일어났다. 대숲은 온몸으로 받아들인다. 바람 지나면 대숲은 적연하다. 추장새 2마리 잔디밭에 앉아 덕담 나누지만 잔디밭은 잡지도 놓지도 않는다. 약하고 모난 나의 성품도 다듬어져 두루 원만해지길 바랄 뿐이다. '듣는 귀가 순하다는 이순이 지났지만 마음에 걸리는 일과 말들을 어찌 다스릴까! 이순을 지나보니 이순(耳順) 전생이 허물 투성이였구나' 내 삶의 언저리에서 작게 크게 마음 모아 주신 분들께 미안한 마음으로 오늘은 보살께 차나 공양 올리고 몇 권 안 되는 선현들의 말씀이나 다시 새기며 산중 독살이 하고 계신 산도인께 안부 인사나 올리고 천하 장수도 들지 못했던 마음자리나 들어 봐야겠다.

내 손에 잡힌 붓은 검은 먹물 묻은 것이 허물투성인 내 마음 같지만 부끄러워하지도 않은 채 나의 마음에 의해 아니 생각에 의해 내달리고 멈추고 울고 웃을 뿐이다.

인품 만리 법향은?

성냄도 미움도 없는 맑은 향기

사는 일이 늘 생명의 보존 속에 가면을 쓰고 사는 것 같다.
살아간다는 이 절체절명의 명제 앞에 사람다움은 어떤 것일까! '붓다로 살자' '부처의 행으로 살자' 부처가 따로 있어서 부처의 행위를 하는 것이 아니라 부처의 행위를 하는 자가 부처라고 가르친다. 구호가 풍성한 것은 실천행이 없다는 현실감을 드러내고 있다. 구호의 노예 삶이 아닌 실체로서의 생을 살아야 한다. 붓다는 말씀하셨다.

얼마 전 시골 처소에 침향이 낮은 옥타브 음으로 자리했다. '만선동귀중도송'에 향을 사르면서 인생무상의 묘함을 깨닫는 것이라 하였거늘 좋은 향기가 서로에게 눈 밝은 심경을 열어주는 일은 어쩔 수 없는 복 있는 자의 기회라 생각하니 그저 두 손이 모아지고 말 없이 안으로 기쁨이 젖어 들 뿐이었다.
향기는 어원적으로는 '기장이나 술 따위의 제물에서 나는 향기'를 뜻한다. 꽃의 향기는 10리 가고 말의 향기는 100리 가고 베풂의 향기는 1000리 가고 인품의 향기 10000리 간다 하였다. 붓다의 향기는 얼마나 갈까라고 나에게 물었다. 돌아온 것은 눈물이 나는 것이었다.
10, 100, 1000, 10000이라는 숫자는 누구나 매일 쓰고, 보고, 하는 것을 작품으로 표현하기에는 숱한 고통이 있었다. 완성이 된 후 나 스스로에게 칭찬한 작품이다. 오만 속에 천한 사람이 되고 예술가의 오만은 끝장이라 할 수 있다.

성내지도 미워하지도 않는 마음의 맑은 향기는 최상의 귀함이고 으뜸가는 향기이다. 언제나 어머님의 마음으로 산다면 세상은 아늑하고 행복하며 깨어나는 향기로 가득할 것이다. 99칸 집 가장 깊은 서재에서 먹을 갈면 먹의 향기가 대문 앞까지 퍼진다 하였는데 좋은 먹을 사고 선물 받기만 하지만 아까운 탓인지 갈아 본적이 오래다. 오늘은 먹을 갈아 부처님께 편지나 써야겠다.

삶에 바치는 최고의 예의

꽃나무를 쳐내니 먼데 산이 보인다

50여년 넘게 치열하게 정말 독하게 밀고 온 나의 독살이 살림살이를 열어"나는 서예로 가출했다." 라는 타이틀로 한판 벌렸다 출가의 복은 없어 어쩔 수 없이 가출로 이름 정했다.

부끄러운 줄 모르고 스스로 초대작가 지정을 축하하기 위하여 1994년부터 열기 시작한 개인 전시회가 14번째가 되었으니 주변 사람들에게 많은 부담을 준 것은 사실이다. 내 스스로 공부를 점검하고 내놓고 말리고 거풍하는 마음이며 온전한 나를 만나기 위해 큰 재정적 손실을 감수하고 좋은 분들과 차 한잔하면서 즐기는 일이며 나의 삶에 바치는 가장 극진한 최고의 예우이다.

준비기간의 기쁨은 온통 몸이 젖고 가슴이 젖어 오매불망 몽중일여의 정신으로 다가선다. 전시작품의 글제는 불교, 유교, 도교, 차(茶)등에서 빌려 쓴다.

붓글씨를 잘 쓰고 못쓰고 하는 것은 전문가들만의 문제 일뿐 대중들은 표피적인 자신의 감정으로 밖에 얻을 수 없다.

"꽃나무를 쳐내니 먼데 산이 보인다." 라는 초의스님의 글귀를 빌려왔다. 시골생활을 하면서 산나무 가지를 자르는 일도 몇 번 멈칫하지만 틈새로 보는 작업실의 안산 송화산(松花山) 풍경을 끌어 드려주는 넓은 화면의 확장에 새삼 놀란 적이 한두 번 아니다. 이 글귀를 만나고 내 자신을 한참 만져보았다. 채우고 늘리고 가지고 싶은 욕심의 단어들이 모두 충족함을 모르는 패배의식과 지

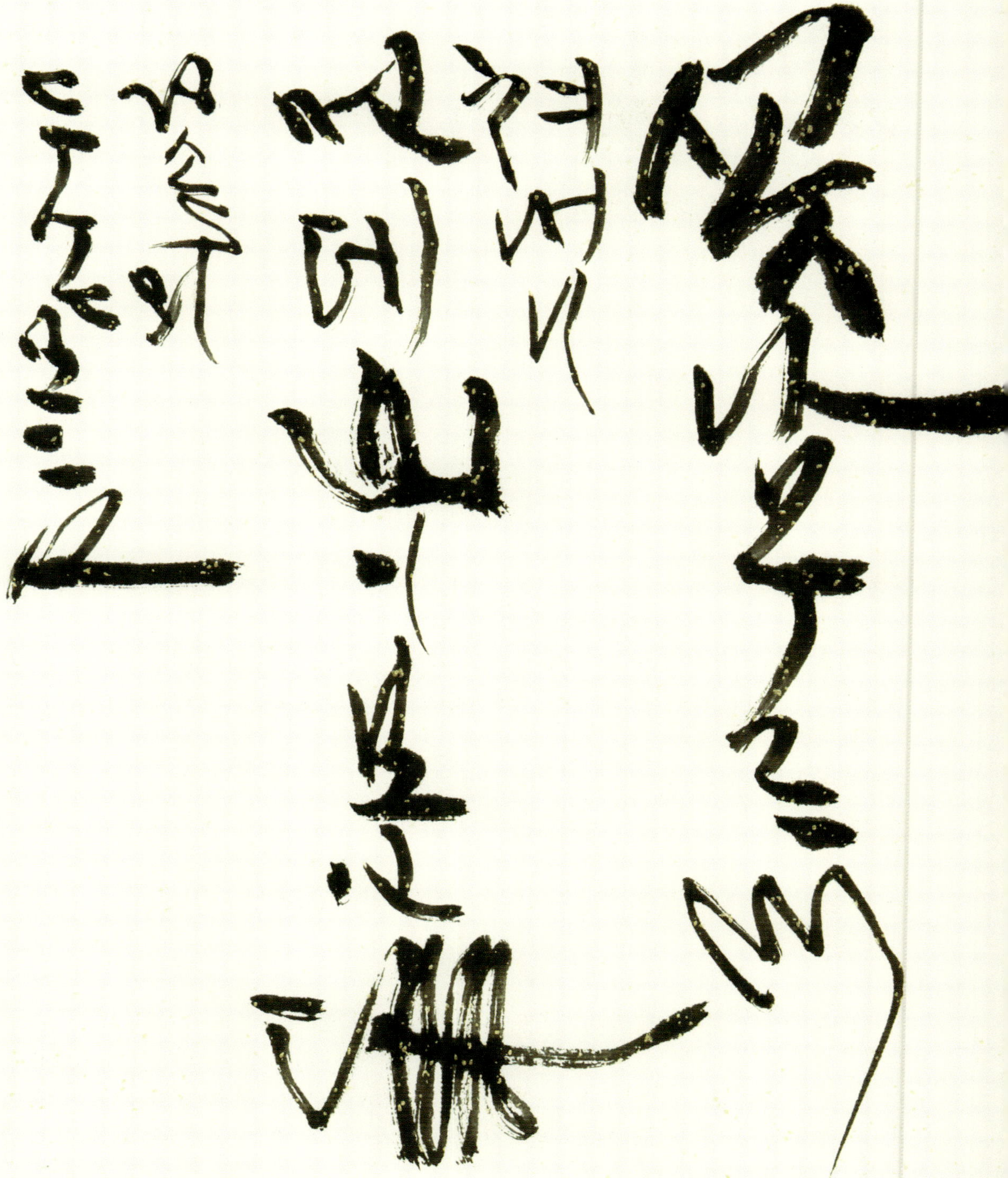

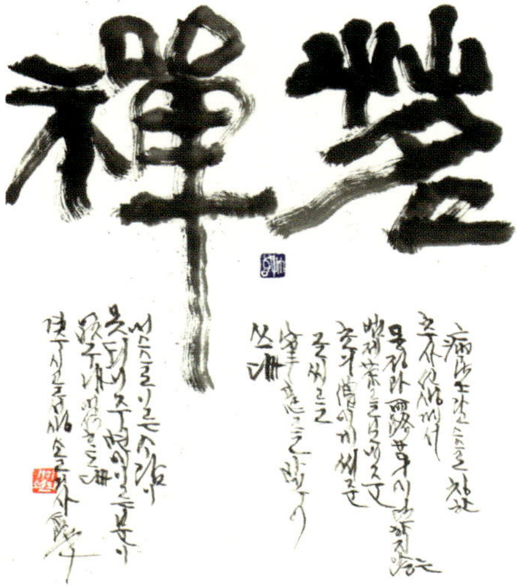

각능력의 부족현상이다.

차와 불교, 서도 이 세 가지는 끊을래야 끊을 수 없는 불가분의 관계이다. 매월당은 누런 낙엽으로도 찻물을 끓였다했고 초의선사는 "그 참모습 나타날 때 환희스러워 어떠한 심정인지 더더욱 간절하구나 하셨으며 몇 자의 선구를 붓으로 단박에 쓰는 일은 참으로 귀하고 아름다운 일이다. 요즘 승가에서는 쉽게 만날 수 없어 아쉬운 마음이다.

전시장에 격조 높은 차실을 만들어 품격을 더한다 생각만 해도 전율이다. 몇 백 점의 작품이 제각기 말을 걸어오고 음악의 깊은 여운을 더한다. 한잔의 차로 노불도 미미하게 웃게 만들고 청산마저 묵묵히 귀 기울게 한다고 했다. 차는 흩어진 자신을 주워 모으고 선한 마음에 싹을 틔우는 고결한 일이며, 차는 정신을 마시는 위대한 일이며 성스러운 행위이다.

더 깊이 치열히 공부하여 다시 모시고 싶다 작품과 차 한 잔, 군자의 성품을 닮아 사특함이 없는 차는 한 모금 마심에 한없는 즐거움이 솟는다. 좋은 차는 아름다운 사람과 같다. "차 한 잔 합시다." 다음 전시장에 편히 오십시오. 작품들이 걸어오는 말들과 깊은 대화를 나누십시오.

내 마음의 빗장 누가 쳤나요

붓글씨는 침묵의 글쓰기

누가 나의 마음에 빗장을 쳤는가, 빤히 두 눈을 뜨고도 답답하여 앞이 보이지 않는다.

"달마는 일찍이 법을 일러주기 위하여 한마디 말도 하지 않았고 혜가는 불법에 대하여 일찍이 한 구절도 묻지 않았다는 말" 문자를 내세우지 않는 불립문자에 부딪치며 장자의 득어망전(得魚忘筌)까지 생각에 생각이 꼬리를 문다.

한동안 불립문자는 언어나 문자의 가치에 전면전인 부정이 아닌 집착을 버리고 미혹 되지 말라, 깨우침의 역설이라는 생각까지 오는데 혼돈의 시간이 길었다. 대상을 보지 못한 채 손가락 끝에만 집착 한 채 허비한 숱한 어리석음은 공부과정에 혹독하게 치러야만 할 하근기, 나의 업장이라 생각을 닫아버렸다.

붓글씨 쓰는 일, 또한 다르지 않다. 자신의 형상이 아닌 죽은 자의 자형과 결구에 한 발자국도 나가지 못하고 흉내만 내는 서예인들이 대부분인 것은 문자밖에서 글씨를 구하지 못하고 글자 밖에서 글자를 구하는 수행 부족의 댓가이다. 명함 뒤에 숨는 작가는 숨도 못 쉬는 나무사람이다.

사는 일이 풀리지 않을 때 홀로 죽비를 치고 좌복에서 마음이 닿을 수 없는 그 자리를 간다. 입정(入定) 즉 심정이요 심정(心正) 즉 필정(筆正)의 묘한 일체 속에서 몰록 잡힐 것 같은 신묘의 영약을 얻는다. 참선이 조사 관문을 꿰뚫어야하고 오묘한 깨달음은 마음길이 끊어져야한다. 조사의 관문

도 마음길이 끊어지지 않는다면 모두가 풀과 나무에 붙어사는 정령이다.

공안도 길이 아니고 답도 아니고 던져놓은 길가에 구르는 돌멩이일뿐 하근기 수행자가 화두망상병에 걸려 헤어나지 못한 채 입으로만 구두선을 하고 문자로 문자선(文字禪)을 내어놓는 부끄러운 줄 모르는 중생들이 도처에 흉내 내고 살고 있다. 참으로 위험하다. 몇 자 알음알이가 맑은 세상마저 탁하게 흔들어놓는다. 잘못 배운 자들이 저지르는 시대의 낭패를 지금도 혹독하게 당하고 있다. 명예는 알력을 놓고 지식은 다툼의 그릇이 된다.

서도의 묵(墨, 먹)은 묵(黙)과 소통한다. 검은 먹 한입 깨문 붓이 화선지에 토해내는 형상은 말도 법도 아닌 문자로써 나타낼 수 있는 것도 아니고 단지 마음으로 전해 받을 수 없다. 예술은 자신의 부족분을 덜어내고 다듬어가는 위대한 아름다운 행위이며 흩어진 자신을 되새김하는 최상의 방책이다.

형상에서 형상 밖을 색계에서 무색계를 향한 구도자의 수행 속에 하루 밤 푹 쉬고 싶다. 내가 쳐놓은 줄도 모르는 빗장이나 걷어내고 싶다.

한 생각 바꾸면 된다는데

생각의 그릇을 넓혀야 삶의 크기도 넓어진다

생각에도 파동이 있고 빛깔이 있다. 귀한 사람들이 만물의 영장 중 가장 탁월하다지만 먹고 배설하고 생각하고 행동한다. 한 생각, 만 생각에 갇혀 없는 수미산도 만들고 가끔은 바늘 끝도 꽂을 수 없는 마음에 뼈마디가 다 상한 적이 한 두 번이 아니다.

공부에서 가장 소중한 것은 호기심과 물음을 갖는 일이다. 질문이 없는 대화는 일방통행이고 독선적이다. 안다고 한들 어느 정도 이겠는가. 문자로 된 것은 다 안다고 하여도 자기 자신 모르는 것이 대선비들의 탄식이다. 생각을 위한 생각 속에 살면서 배운다는 행위는 생각의 그릇 넓히는 일이다. 고정관념 속에 지금도 죽은 불법의 지식에 함몰된 채 몇 십 년 한소리로 몽매하지도 않는 사람들을 괴롭히고 있다.
배우고 생각한다는 것은 지식과 정보를 늘리는 것이 아니라 다른 안목으로 현실을 관찰하는 능력을 키우는 일이다. 벼보다 잡초가 더 키가 큰 것은 사람의 선한 마음보다 악한 마음이 빨리 자란다는 걸 산책 길에서 매일보고 배운다.

한 생각을 얻었다. 아마 몰라도 20여년이 넘었을 것이다. 초대전에 "사(思)"라는 작품을 쓰는데 새벽까지 매달린 끝에 끝냈다고 표구사에 맡기면서 완성까지 과정을 말씀드렸는데, 말씀인즉, 뭐 그렇게 고민 했어 "뒤집으면 되지"하는 천근만근의 가르침 한마디에 답답했던 속내가 풀려 이 작품까지 오게 되었다. 선지식은 도처에 있다는 말씀이 예사롭지 않는 깨우침이었다. 나와 같은 생각을 가진 사람을 내 주변에 두지 않는다고 한 말씀 깊이 깨물어야 즙의 단맛을 알 것이다.

한모금의 차

구름을 마저 가져가고

일없는 존귀한 참 사람
절 받으십시오
붉은 화로위에 한 점의 눈송이
어찌 하오리까
허공에 절집 한 칸 내걸다
점, 선은 부처님 마음자리
지금 여기, 이 또한 얼마나 쾌활한가!
응당 머무는바 없는 그 마음
한 글자면 끝이다. 두 마디는 많다.
무유공포
길 위에서 길을 묻다
만사는 결함 있어야 아름다워
버려라 꽃을 버렸다는 그 마음도 내려놓아라

일없는 존귀한 참 사람

'부처'란 이름이며 글귀일 뿐

"웬일로 누워서 일어나지도 않은가"
"일이 없게 된 사람은 본래 이렇습니다."
경허스님은 자기 스스로 "무사지인"이라 했다.

임제 선사 어록 시중(示衆)에도 이렇게 말씀하셨다.
"도를 배우는 벗들이시여 참으로 중요한 것은 참되고 바른 견해 구해서 천하를 마음대로 다니면서 도깨비 귀신에게 홀리지 않는 것이다.

"일이 없는 사람이 참으로 귀한 사람이다." "다만 억지로 조작하지 말라 오직 평소 생활 그대로 하라 그대들이 밖으로 향하고 옆집을 찾아 헤매면서 방법을 찾아봐야 그르칠 뿐이다. 단지 부처를 구하려하나 부처란 이름이며 글귀일 뿐이다."

참으로 귀하고 천금 만 냥에 이르며 한 칼에 천만 명을 죽이는 대 참극이며 인간의 자존감의 혁명이다. 일이 없다는 한 말씀 내가 사는 시골에서는 늘 그런 완전한 도인들을 매일 뵙고 살고 있다. 삽자루 들고 논둑길을 걸으면서 논바닥의 물을 살피는 성실 근면을 온 몸으로 사시는 시골 농부의 그 선한 모습은 속세에서도 아무것도 부족함이 없는 존귀한 참사람이다. 비가 올려나 그저 하늘 올려보는 모습에 온 산도 숙연하다. 본래심 그대로 사는 것이며 평범한 일상을 넘어 무심으로 살아가는 내면의 근육이 꽉찬 건전한 아름다움이다.

가끔 만나서 한담하는 도반 중에 시골 황토방에 다실과 명상터를 만들어놓고 어울리는 작품을 원하기에 성품과 공부의 안목에 비추어 '무사인(無事人)'이라는 소품족자를 휘호했다. 쉽게 쓰인 것 같지만 전생 인연 탓인지 제법 글씨 맛이 맵다 가끔 나를 끌어올려주는 작품도 있다. 걸어놓고 크게 웃었으며 몇 잔의 차와 몇 잔의 술 대접도 신나게 맛있었다.

작품은 늘 주인이 따로 있다. 적재적소에 딱 들어맞는 글감을 찾아내고 맛깔나게 휘호까지 완성이 되면 작품은 매일 볼 수 없어도 생각만으로도 기분이 좋아지고 그 자리에 있는 것 같다. 이것이 또한 누구나 느낄 수 없는 복중에 복이며 나의 공부가 주는 맛깔 나는 일이며 예술작품이 창출하는 복된 희열이며 묵희선열이다.

'무사, 무사인, 무사시귀인, 평상무사, 수처무사' 어느 하나 버릴 수 없는 귀한 말씀이다. 무엇을

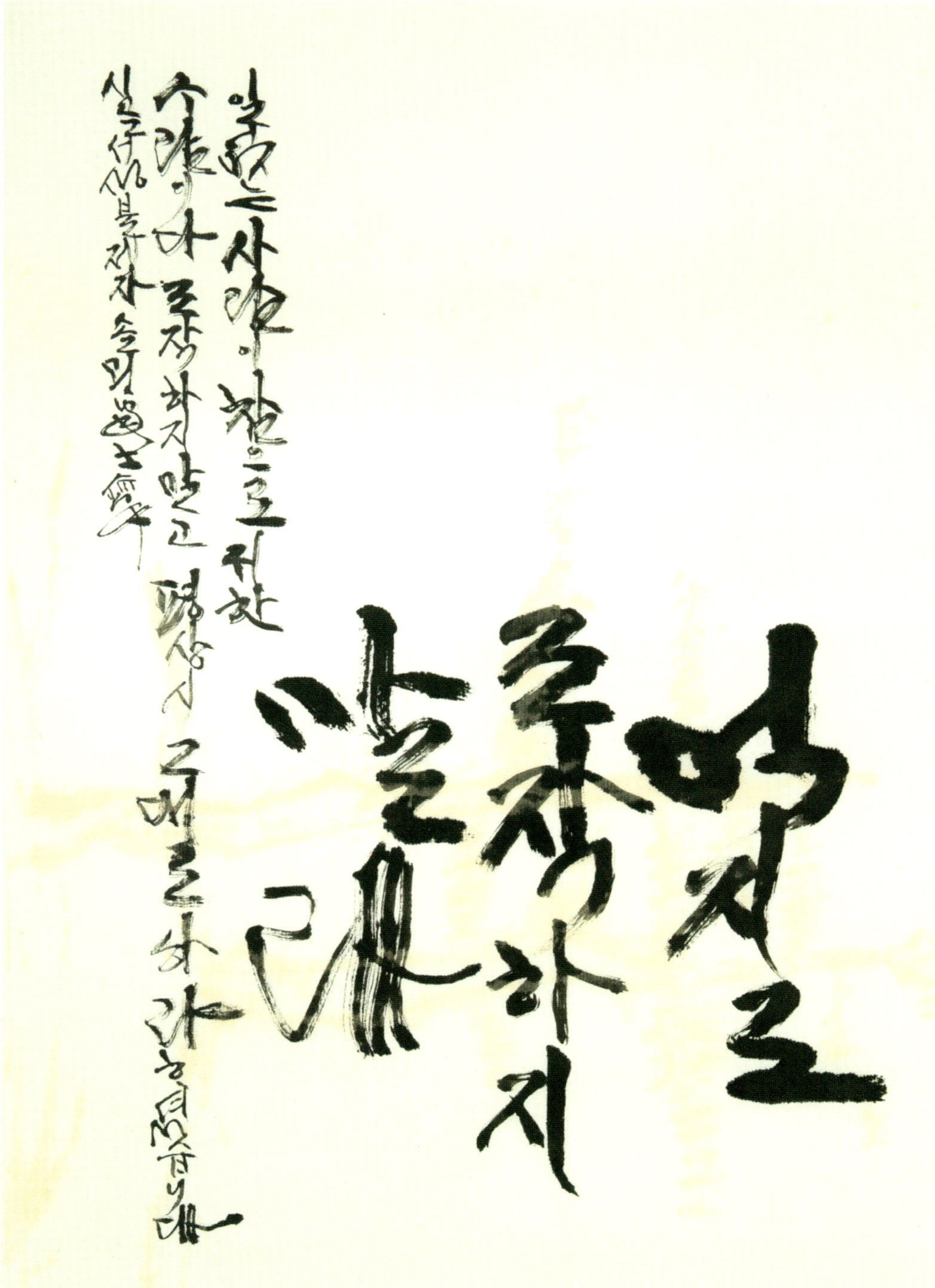

작품하며 매일보고 삶의 방향을 잃어버린 당신은 한세상 건너가고 싶은가 너무 귀하고 무거워 들 수도 부를 수도 없는 지극함에 마음만 무겁다. 좋은 글귀 만나면 작품이 쓰고 싶어 안절부절 한다. 가슴치는 선어록의 말씀을 만날 때면 작품이 마음속에 형상 된다. 작품은 끌어안고 고민하고 수행한 만큼 쓰여 지는 살아있는 위대한 창작물이며 한 끝도 속일 수 없는 극명한 사실이다.

세간살이 단지 마음에는 일없고 걸림 없이 주어지는 상황에 무심하게 할 수만 있다면 세상살이가 텅 빈 가운데 묘한 작용이 활짝 열려 꽃피고 물 흐르며 새소리 맑아 사는 일이 즐거울 텐데, 아직 나이 값도 이름값도 못하는 탐진치로 덥힌 이 몸 참으로 송구하다.

"일없다"라는 생각마저 없다면 그 맛이 어떠할지 눈을 감고 더듬어본다.

귀하고 귀한 일없음에 먼 산을 멍히 보는 일마저도 일이 되어 버리는 그 적요함에 들 수만 있다면 참 좋으련만 하지만 자고 나면 사회라는 모순의 굴레 속에 몸을 섞어야 하는 현실에 가슴 멍하다. 내가 사는 시골 한 공간에 '무사선방(無事禪房)'이라 이름 붙여놓고 들고 나면서 경책한다. 나는 눈먼 어리석은 납자이다.

올연히 앉아 눈먼 새가 일러주는 일없는 일의 그 두터운 말씀 두껍게 안아 들인다. 3조당 선방에 걸린 '무사인'이라는 작품이 궁금하다.

절 받으십시오

아름다운 인연에 고개 숙여

정갈하게 좌복을 만지고 하루가 시작되는 위대한 현실에 한없이 고마워 절을 올린다. 대상이 주어지는 것도 아닌 나를 만나는 첫 번째 행하는 일대사(一大事) 행위가 된지 오래 전 일이다.

사찰에 찾아들면 그곳에 계시는 그분이 고마워 절을 올린다. 한 번의 절에도 무량한 공덕과 가피가 따르고 자신의 아만, 고집, 업장을 녹여낸다. 겸손으로 받아들이는 순전한 나를 만나는 일이며 지독한 무명 업식의 삼독이 사라지고 차분히 쉬어가는 적정의 경지에 든다. 절은 집착과 망상 헛된 걱정마저 내려놓고 업력의 덩어리를 녹인다.

절은 불가능을 가능으로 바꾸어놓고 수용과 긍정의 자세로 수행하게 하는 첫 번째 큰 일 이기에 가장 높은 머리를 내려놓는다. 한동안 108배 발원문을 만들어 소리 높여 참회하며 이른 새벽 절을 하던 기억이 새롭다.

객지에 사는 아들이 집에 오면 절을 받는다. 그것도 3배(三拜)이다. 부모는 자식이 만나는 첫 번째 부처님이시다. 오래된 가풍으로 이제 당연히 절 받으십시오 하고 자리를 권한다. 오랜만에 같이 한마음 공손해지는 법을 실천하는 일이며 예의만큼 최상의 지혜는 없다고 가르치고 지켜오고 있는 가풍이다.

작품은 느닷없이 필연적으로 닥쳐드는 느낌이 있다. 갈필(渴筆)과 담묵(淡墨)의 조화와, 어느 모습

이 먼저인지 알 수 없는 무작위의 기교가 한 호흡으로 경계가 세워졌다. 붓은 고개 들고 쓸 수 없으며, 작품을 하는 동안 한없는 고개 숙임을 배우며, 향 피우고 손을 씻는 일은 오랜 예의이다.

이 작품은 오랜 절 수행이 만들어준 무위(無爲)의 산물이다. 작년 전시회에 출품된 대작(大作)의 한 부분을 재구성한 것이며 신창조조형을 열어가는 나만의 문자추상(文字抽象)이다. 허리를 굽히면 굽힐수록 더 높아지는 이 묘한 깨우침을 작품을 통해 얻어갈 수만 있다면 무량대복 일 것이며 삶은 환희심으로 가득할 것이다.

절하는 당신의 모습은 어디 있습니까?

작품에 어떤 제목을 붙여 주시겠습니까?

근래에 당신께서는 누구에게 언제 진지하게 절을 하셨습니까? 새소리가 목탁소리인양 나를 절하게 하는 시골 여름밤, 사는 일이 고맙고 인연이 아름다워 그저 고개가 숙여진다.

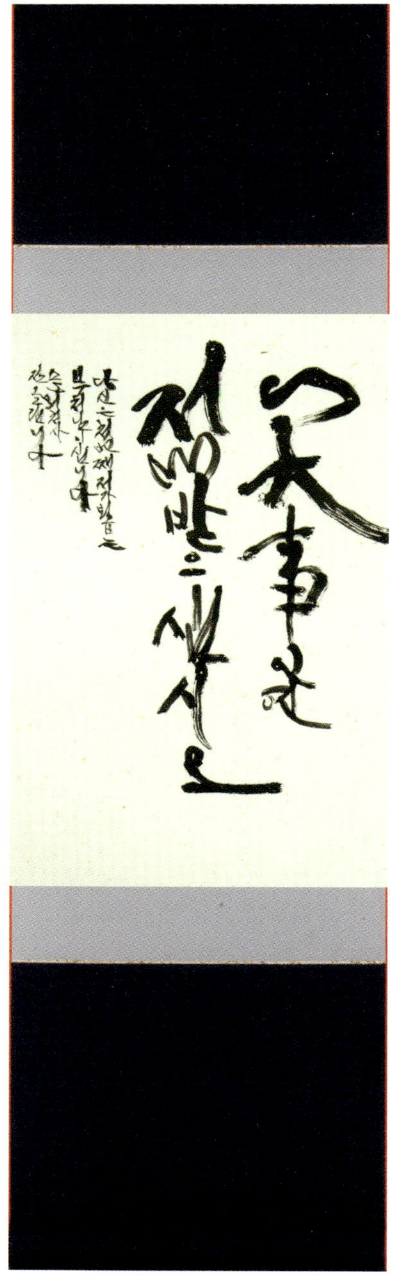

붉은 화로위에 한 점의 눈송이

신선처럼 살다 간 서예 대가

몇 년 전이었다. 살면서 기쁜 일이 어찌 한 두 가지 이겠냐마는 작품을 인연으로 일어나는 일이 가끔 있다. 글씨 한번 봐 달라는 부탁을 받는 일은 큰 복이고 기쁨이다. 오래 전부터 공부에 도움을 주시는 스님께서 액자 한 점을 보자기에 싸서 들고 오셨다.

신선 같은 삶을 사시다 작고하신 서예 대가의 맑은 행서와 초서 필의(筆意)로 맛깔나게 삶처럼 선명하게 선기(禪氣) 넘치게 휘호(揮毫)된 '홍로일점설(紅爐一點雪)'이라는 작품이었다. 청허휴정 서산대사 말씀으로 잘 알려져 있다. 낙관만 있어 언제 쓴 글씨인가 알 수는 없지만 화선지의 색상 변화와 표구 틀의 변색으로 제법 나이가 들어 보였다. 나의 작업실에 걸어두고 한동안 맑은 기운을 얻어 마시다 아끼고 싶은 마음으로 예쁜 수장고에 보관중이다.

한 작품을 만나는 일은 인생 전부를 만나는 위대한 사건이며, 그를 통해 무언의 대화를 나누면서 차를 나누기도 한다. 좋은 작품은 형상에 있는 것이 아니라 정신을 만나는 일대사이기에 참으로 가슴 뛰는 일이다. 다시 걸어놓고 안복(眼福) 이라도 해야겠다.

'홍로일점설' 백화도인 서산대사의 친필이며 어떻게 쓰셨을까? 생각만으로도 가슴이 뛴다. 사념과 망상, 모든 것 털어버린 파르르한 붓질일 것이라 생각하니 온몸이 파리해지고 맑아진다. 좋은 작품은 사람을 깨우고 말없는 가르침으로 이끈다. 부처님 말씀 한 점 걸어놓고 념(念)하면 집안에 선한 가풍이 되고 삶이 바뀐다.

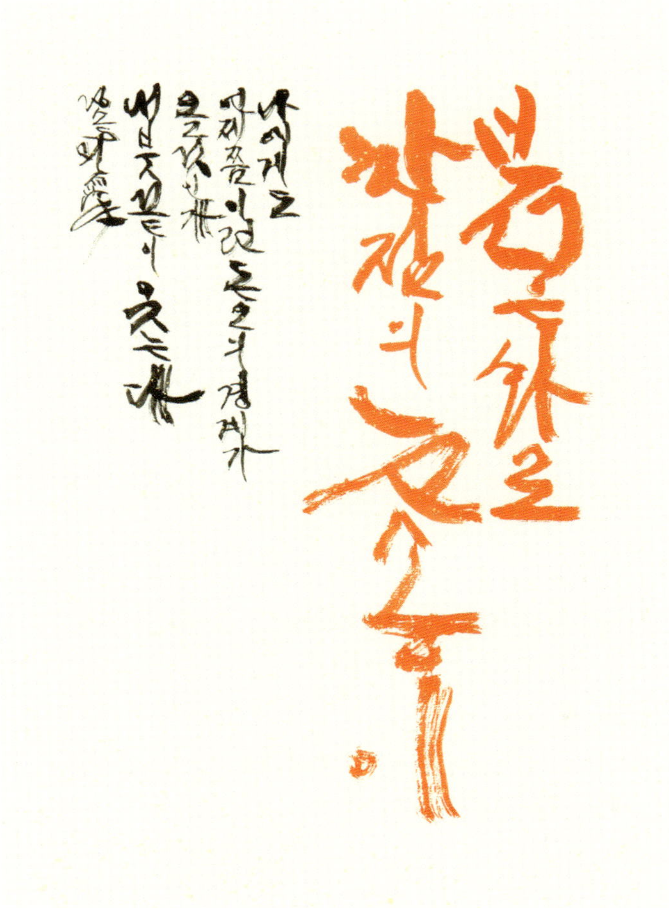

한더위 속에 '홍로일점설' 작품 끌어안고 한세월 망념 내려놓고 살 수 있을 것 같다. 나의 작품도 언제쯤 누군가를 절대경지로 이끌어 줄 수 있을까! 좋은 글씨는 세간살이 치유이며 선지식이다. 큰스님의 가르침과 선기(禪氣) 품은 작품, '홍로일점설' 일구(一句)는 형상문자 밖에 있음을 알아야한다.

큰스님 말씀 여름밤 청량한 구미산(龜尾山) 바람같이 포근하고 따스하다.

紅爐一點雪

어찌 하오리까

입으로 전할 수 없는 묘한 도리

"물소리 모두 부처님 설법이고 산빛 모두 부처님 청정법신이요, 밤새들은 8만4000 법문 후대인들에게 어찌 전할까." 동파(東坡) 오도송은 절창이다. 무정설법의 가르침 한방에 문자와 알음알이는 녹아버렸다. 사람의 모든 일은 만남으로 결정된다. 동파는 유교사상을 근간으로 불교와 도교에 심취했다. 스스로 전생에 승려(僧侶)였다고 했으며 옥천사 승호, 동림사 상총 선사의 가르침에 큰 깨달음을 받았으며 거사 불교의 큰 맥이다.

"계율로부터 시작하여 정(定)과 혜(慧)를 정밀하게 하고 심원에 증거하며 깨달음의 묘경에서 그 극에 도달하는 것으로 입이나 손으로 전 할 바가 아니다"라는 동질적 관념 속에 형상 이상의 정신성을 이루게 되는 것이다. 서법(書法)은 불법(佛法)과 같다고 주창하였다.

작품을 거칠게 걸어가는 듯 행운유수의 붓질로 담아 휘호한 것은 동파 도인의 삶을 담아놓고 싶었다. "이르는 곳마다 그 오묘함은 얻었지만 입으로 전할 수 없다." 이 시는 서호 풍경을 읊은 구절이지만 심오한 불법의 가르침 같기에 염화시중의 도리라 할까, 구경(究境)에 이른 최상승의 깊이와 맛은 깊고 깊어 서강(西江)의 물을 한 입에 다 마셔도 알 수 없는 것은 가르치는 자와 배우는 자의 관계성이다.

글씨 속에 붓(筆)이 있음은 마치 선가(禪家)의 글귀 속에 눈이 있는 것 같다. 모름지기 이러한 눈을 갖추어야 사물을 이해 할 수 있다. 서예와 선불교의 심미관은 둘이 아님을 새삼 느끼게 한다.

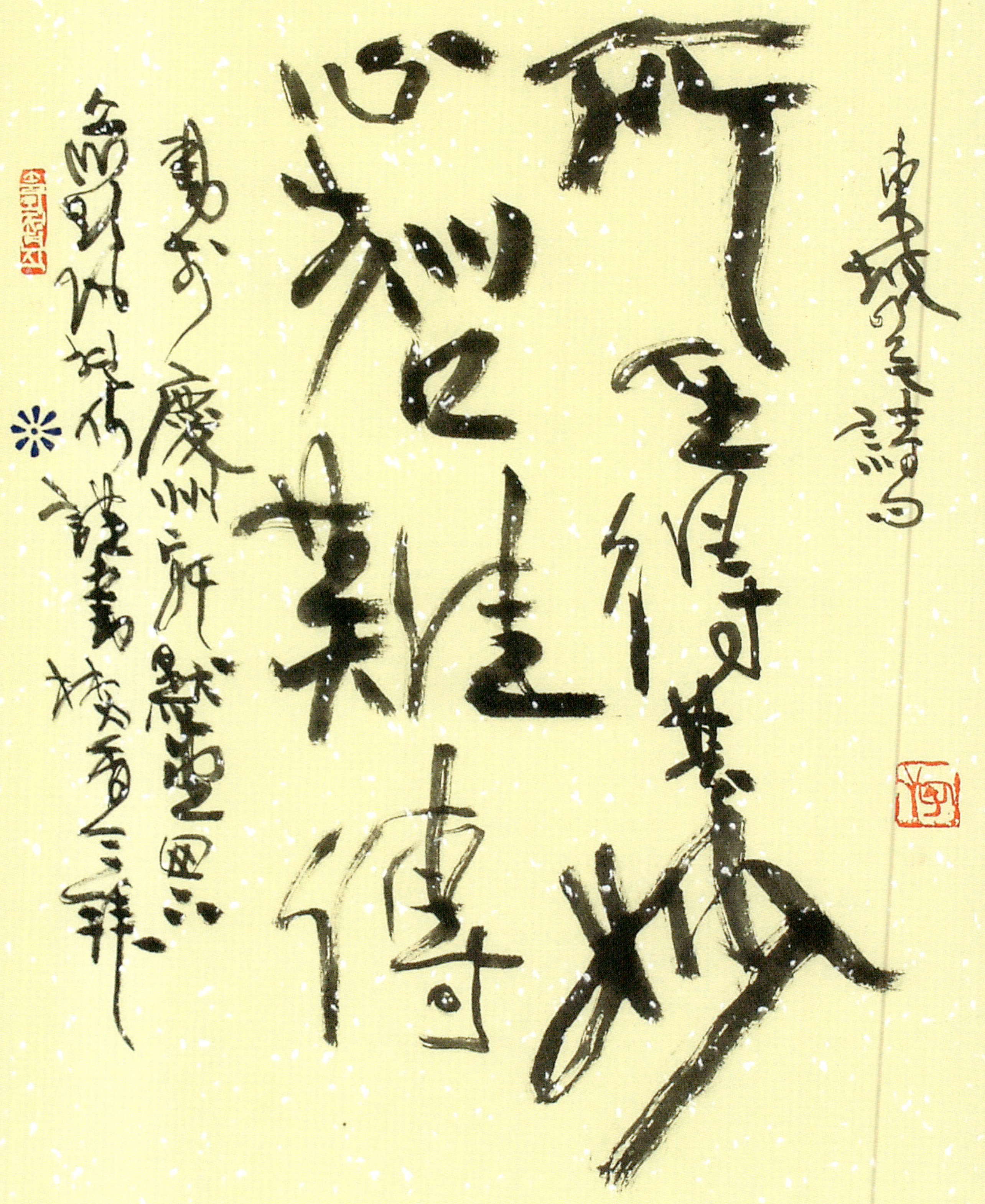
東坡先生詩
所至得其妙
心知口難傳

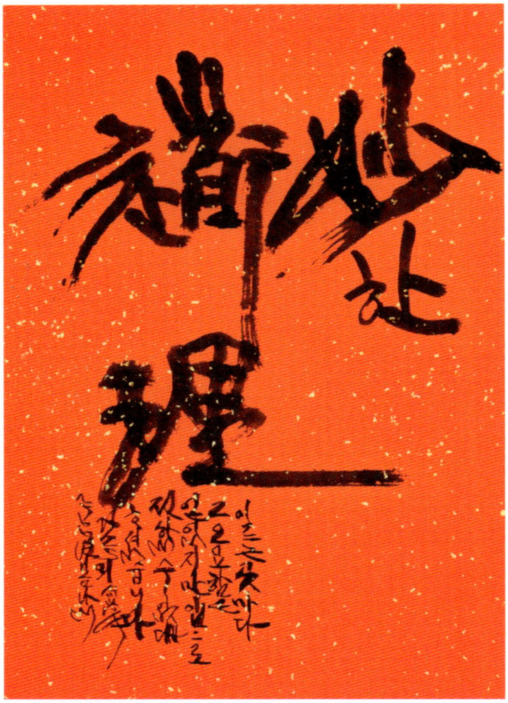

오래전 관람한 소동파의 기념관(중국 항주)에서 본 서예 작품은 단아했다. 추사는 동파가 정신적 스승이었기에 보소재(寶蘇齋)라는 당호를 쓰면서 보배스러운 선생으로 모시고 사셨으며, 낙관 글씨에 생신을 맞아 썼다라고 쓰고 있다. 스승을 모시려면 이렇게 모셔야 한다.

복이 많아 불국사승가대학에서 서예수업을 몇 년 할 수 있는 기회가 있었다. 덕 높은 스님이라는 신분에 글씨 쓰는 실기보다 서도의 심미성과 수행과의 관련성, 사찰 현판과 주련의 격(格)에 대해서 실기보다 이론적인 수업을 인문학적으로 풀어냈다. 무척 행복했고 저의 많은 강의 중에 큰 의미로 남을 일이었다.

서예와 불교가 지금은 동떨어진 관계가 되어버린 현실이 많이 아쉬울 뿐이지만 불교와 가장 가까운 색이 먹물 색이고, 부처님의 '묵빈대처' 하라는 말씀이 진한 먹물을 듬뿍 머금은 붓과 같다는 생각이 들었다. 승복의 색상도 먹물색인 것이 우연이 아니다. 먹색은 동양정신의 색상이며 불법과 서법이 둘이 아니다.

허공에 절집 한 칸 내걸다

텅 빈 것은 허물이 없다

살아오면서 생각만으로 몇 채의 집을 짓고 허물고 이름 붙였다 떼어 버린 적이 한 두 번이 아니다. 법문을 통해 오래 전 '허공무착사(虛空無着寺)'라는 절 이름을 얻을 수 있었다. 허공과 무착, 참으로 위대한 발상에 허공에 집 크기는 이런저런 환공망상에 실없는 웃음이 나오기도 했지만 고쳐 앉은 자리에서 꼼짝할 수 없는 억압감을 느꼈다. 몇 겁의 시간이 지나버린 것 같다.

조선 초 함허당 득통선사께서는 방문을 열어젖히고 허공 전부를 끌어들이는 함허당(涵虛堂)이라 현판을 걸었고, 서예에서도 마음으로서 빈 하늘에 쓰는 글씨를 공서(空書)라 하니 이 또한 대단하지 않은가!

숱한 불제자들도 분노와 갈등, 용서, 자비의 집을 짓고 얼마나 허물었을까. 내 자신은 문자로서 집을 짓는 '문자건축가'이며 부처도 조사도 살게 하고 반야도 뒤집어서 자재로 썼다가 구름에게도 전세를 주기도 하였다.

이름을 붙인다는 것은 자신의 의지를 드러내는 일이다. 사찰 이름도 이와 같을 것이다. 얼마 전 한마음 한 붓질로 귀한 인연 있는 스님 처소의 당호(堂號), 보조당(普照堂)과 불통당(佛通堂)을 휘호할 수 있어 참으로 기분 좋았다.

텅 빈 것은 허물이 없는 법, 한 생각 비우면 두 생각이 들 때 허공무착사에 스님 친견하고 차 한 사발이며 세간살이 욕심, 근심덩어리 나도 모르게 무착이 된다. 나에게도 문자에 대한 욕심이 언제쯤 내려놓아질까. 무착(無着)선사가 허공무착사에서 나오시어, 멀었어 하시면서 그냥 웃으시며 가신다.

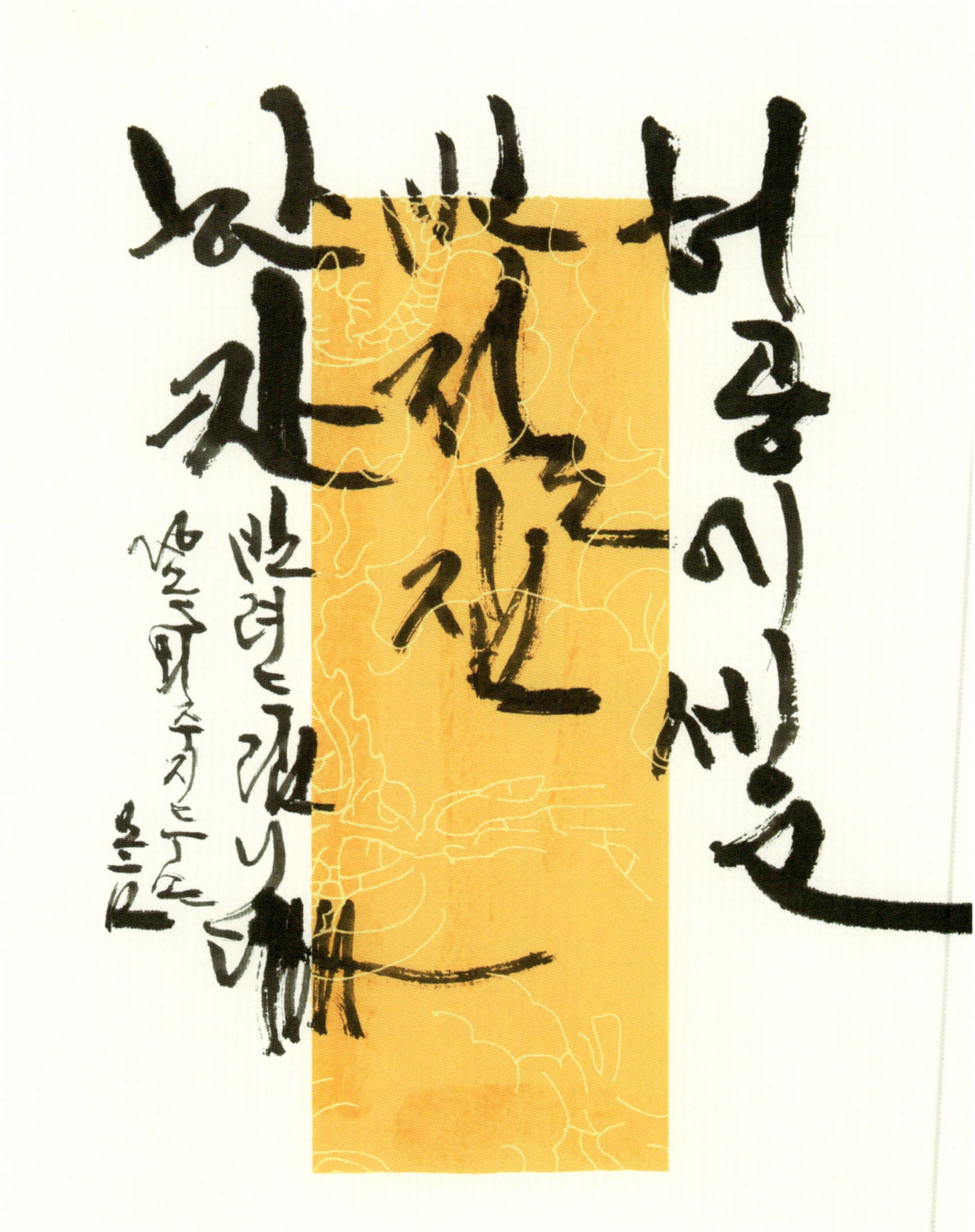

점, 선은 부처님 마음자리

자유로운 곳에 글씨도 부처도 있다

좌선법과 서도는 같은 점이 많다. 우선 말이 입 밖에 내지 말아야하며 호흡이 빠르거나 더딘 것도 맞지 않으며 한결 같아야 한다. 선(線) 또한 가로는 가로로 세로는 세로로 더함도 뺌도 없는 그대로 직관이며 관조이다. 오고감이 둘이 아니라는 불교의 불이(不二)를 서예 작업으로 옮겨 거래(去來)불이필법이라 스스로 명명했다.

서도에서 점, 선, 획은 부처님의 마음자리와 같다. 한 생각 잘못하면 점은 살아나지 않고, 선은 기운을 잃어버리며, 획은 고압선 전류처럼 뜨겁지도 않고 진흙에 쳐 박히는 뾰족한 바위 같은 기세가 없어진다.

머뭇거리면 필세는 사라지고 조작만이 붙어 돼지 똥 싸놓은 듯 쟁기로 논밭 갈아 엎어놓은 듯 뒤죽박죽 썩은 냄새만 풍긴다. 뜻이 먼저요 붓은 마음형상을 따르는 일일뿐이다.

욕망으로부터 자유로워지는 곳에 글씨도 부처도 있다. 부처를 만나는 일이나, 글씨를 쓰는 일이나, 깊은 몰입과 사색과 교학적 접근과 명상을 통하여 자연의 묘미, 이치를 있는 그대로 받아들이는 일은 천형으로부터 받은 업장을 한 겹 한 겹 없애는 일이며 수처작주하여 입처개진 하는 것이다. 예술의 품격이 자취에 있지 않고 뜻에 있고 공부한다는 것은 스승의 뜻을 배우는 것이지 쓸데없는 자취를 밟지 말라 하였거늘 스승의 단점은 버리고 장점만 취할 수 있는 취모검(吹毛劍)같은 예리한 정신으로 다가서야한다. 이시대의 부처를 원하는 것이지 또 다른 무엇이 있겠는가! 구차한

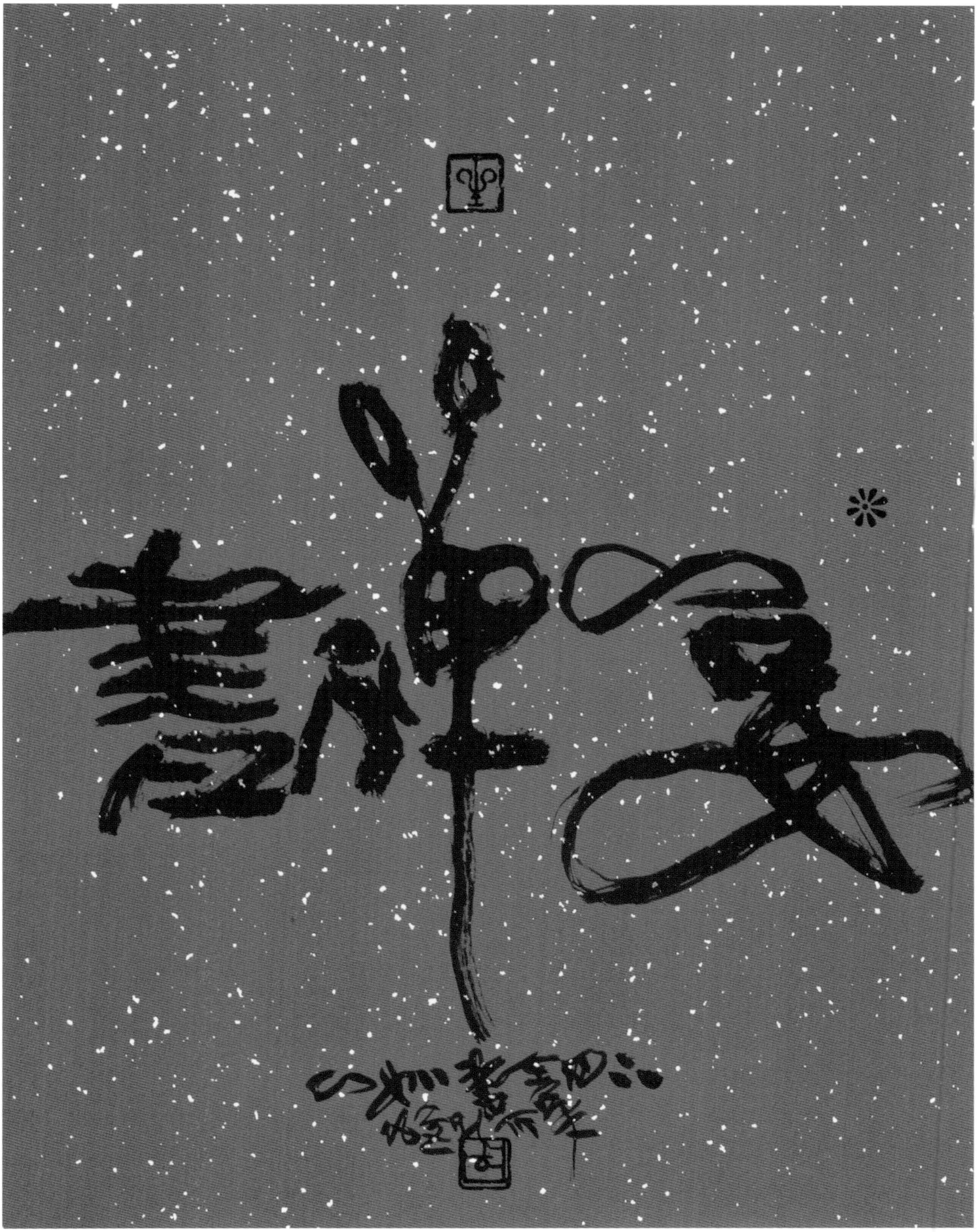

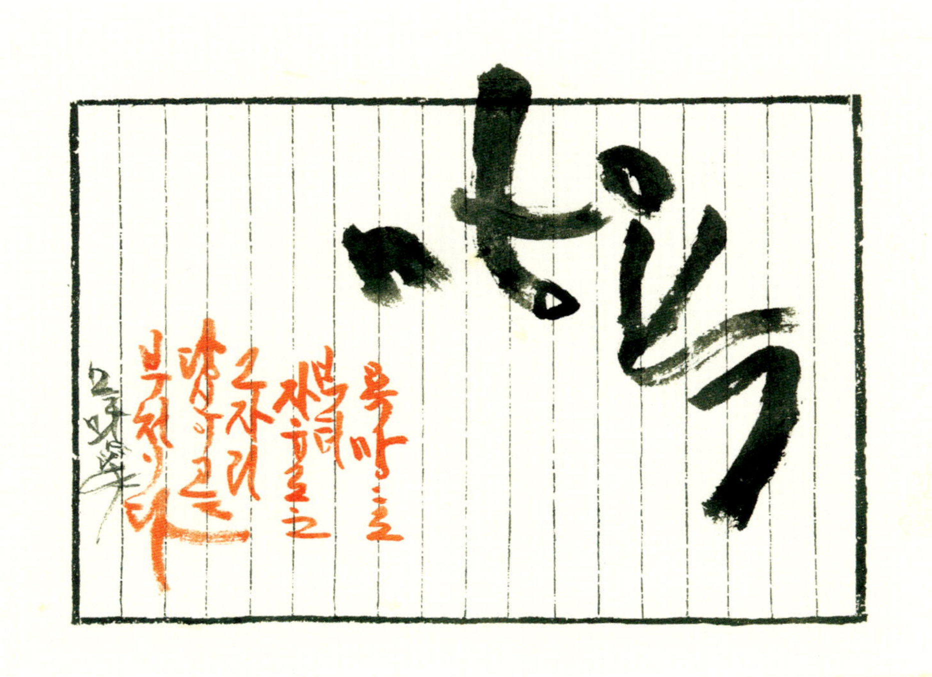

말씀보다 한 말씀이 더 간절하게 그리워지는 현실이다. 이 시대에 난삽함은 어르신의 부재라고 할 수 있다. 모심의 대상이 없지는 않지만 어쩐지 조금은 찾아뵙기 쉽지 않다.

신라 김생사(金生寺)의 김생, 탄연, 경허, 탄허, 경봉, 홍경큰스님의 살아있는 붓글씨의 혼이 면면히 불교와 서예가 둘이 아니었음을 말해주고 있다. 현판과 주련의 품격은 사찰의 격을 한층 심화시키는 마지막 장엄 절정인데 관심을 크게 가져야 하는데 현실이 그렇지 못함이 무척 아쉽다.

서예와 선(禪)은 둘이 아니다. 서예와 선은 하나이다. 좌복을 정리한다. 하루를 마감하는 나에 대한 고마움이다. 내려놓을 것 다 내려놓아야 본래 "자기다음"으로 갈 수 있다. 시절인연에 맡기지 말고 거꾸로 자신을 매달아야만 한다. 헛 부처와 헛꽃 잡고 웃지 않게 될 것이며 형상과 모방 아닌 한 생명이 간절히 나의 자유와 자재함이 일생으로 나타날 것이다. 나는 나 일 뿐 또 다른 내가 없다. 나의 글씨는 나에게는 위대함이지만 다른 이에게는 아무런 기억의 대상이 되지 않는 것, 별로 개의치 않다는 생각이 일어나는 새벽이다.

지금 여기, 이 또한 얼마나 쾌활한가!

지금 이 순간, 당신이 부처

“지금 여기.” 목전에 드러나는 삶은 현실의 시간 속에 갇혀 지난 일에 발목 잡혀 한발도 나가지 못하고, 다가오지도 않은 미래에 잠 못 이루는 것은 현실에 만족하지 못하는 내면적 지적 가난과 못난 자신의 탓이다. 내가 가보지도 않고 이룰 수 없는 헛것을 찾고 잡으려 날뛰고 자신의 정신적 소멸을 만들어 가는 것은 오직 인간의 탐진치 삼독 탓이다. 교만과 분노에 이끌려 산다면 거짓된 자아를 모시고 산다. 망령과 애착 집착은 생각을 끌고 다니고 고통의 수레바퀴를 돌고 있다.

인생이란 번갯불이 번쩍하는 찰나에 지나지 않는다. 과분히 소비하고, 쓰레기 만들고, 원수 맺으며, 남의 눈과 가슴에 피눈물로 피멍들게 하는데 힘을 낭비하고 있다고 생각하니, 가족과 도반들께 죄송할 뿐이다. 집착할 대상도 좋아할 대상도 없다면 걱정, 두려움, 분노도 없으니 얼마나 즐거운가! 이 또한 스스로 쾌활한가! 집착이라는 상념이 만들어낸 감옥이다. 번뇌, 고통, 불안, 허망, 모든 것이 실체가 없는 생각이 지어내는 집 위에 집이다. 마음을 편안히 내려놓고 현실을 그대로 느끼고 받아들이는 마음 다스리기는 참으로 위대한 일이다.

작업실에 붉은색의 계단이 있는 철문을 열었다. 문으로 고개 들이대는 자연의 푸름과 닥나무에 의지하여 하늘로 길을 내는 넝쿨들도 볼 수 있다. 아쉬움은 오직 그들 내면의 은밀한 대화를 들을 수 없다는 것이다. 그래도 살아있는 모든 것들은 스스로 길을 내고 있다는 엄연한 사실을 배운다.

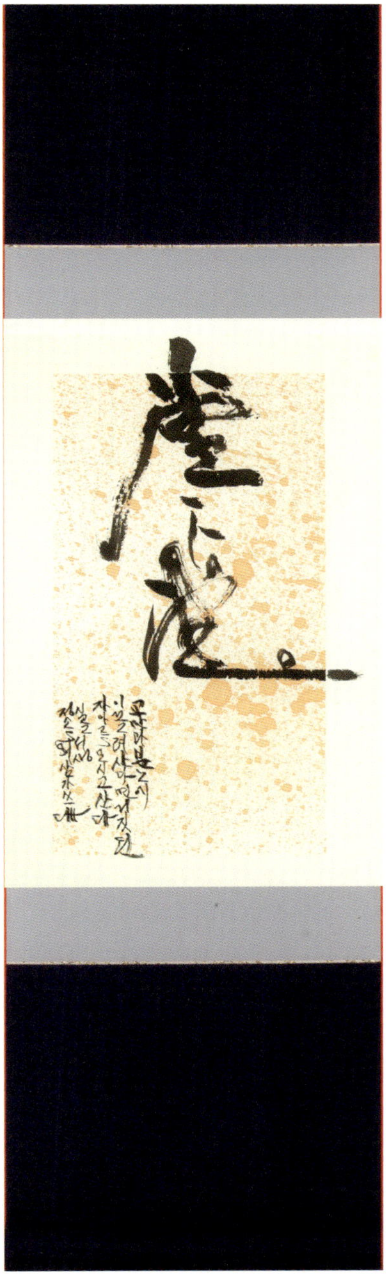

도법(道法)은 자연이며 가장 위대한 가르침이고 스승이라는 옛 글귀가 확연해진다. 내리는 비 소리는 내려놓아라. 낮은 곳으로 길을 열어라. 왜 깨달음의 기회를 자포자기하는가! 인간이 처한 현실과 곤경은 완전치 못한 알음알이가 개입한 결과다.

깨어 있는 자는 말한다. "눈앞에서 펼쳐지는 이제까지 볼 수 없었던 현상은 색안경 벗고 세상을 진실 되게 보는 것이다." 정견의 힘이다. 진흙으로 봉인되었던 봉투를 열어젖혀 어리석은 마음의 한계를 넘어서야 한다. 글씨도 마음이 지어내는 집이고 행동과 말도 생각이 지어내는 일이다.

지금 당장 여기에서 자신만의 행복을 추구하면 고통도 같이 올 수밖에 없다. 우리의 기쁨은 따스한 마음이 종교이며 다른 사람까지 행복하기 위한 선한 행위가 당신이 바로 부처가 되는 일인 것이다.

응당 머무는바 없는 그 마음

무슨 일로 서풍은 나무 숲 흔드나

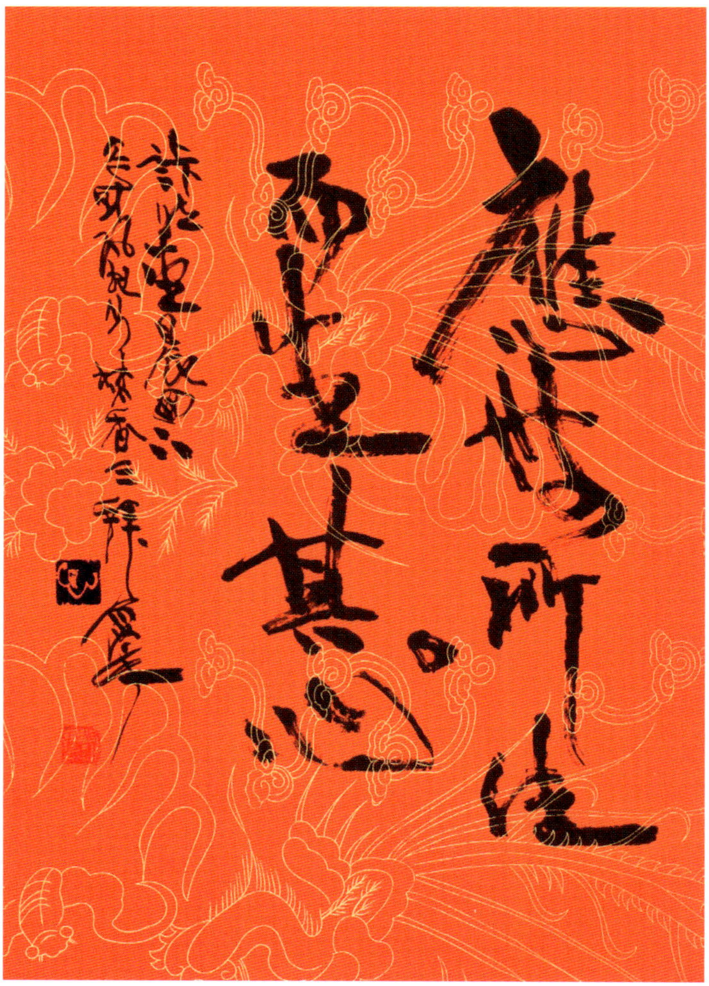

일체 법에 집착함이 없이 청정한 마음을 일으켜야한다. 색성향미촉법에 집착함이 없이 청정한 마음을 일으켜야하는데 장엄정토분에서는 "응무소주이생기심" 마땅히 구하는바 없이 그 마음을 내어야한다. 나의 수행 부족 탓에 아직까지 응당 머문바 없이 마음을 낸 적이 있는지 반문 해본다.

불자이면 가장 애송하는 구절 일 수 있을 만큼 흔히 접하게 되고 붓글씨 작품으로 수도 없이 써보았지만 너무 알려져 있는 말씀은 작품하기가 훨씬 어렵다. 한글서예 작품이 한문서예보다 완성도 높다고 칭찬 받기 어려운 이유는 누구나 알 수 있기 때문이고 한문서예는 해석도 불가해 깊이 볼 수 없기에 쉽게 건너간다.

나무를 팔아 생계를 어렵사리 꾸리던 육조 혜능의 귀에 마음을 열어준 구절이다. 필경 전생 업이 열어준 기연이겠지만 서예공부도 타고남이 있어야 하는 것 아니냐고, 노력하지도 않으면서 우물쭈물 하며 핑계를 만든다. 이 한 말씀 여기에 이르러 마음 꽃이 활짝 펴 가사와 발우를 전해 받으시니 육조가 되셨다. 그로부터 오엽(五葉)이 열매를 맺어 천하를 향기롭게 하도다. 오직 이 한 구절 응무소주이생기심(應無所住而生其心)이 다함이 없는 인천(人天)의 스승을 출생케 하심이다.

수이(守伊)함허당 득통께서는 자상히 살피셨다. 무소주(無所住)는 거울이 텅 빈 것 같고 평평한 저울대와 같아서 선과 악 시비를 가슴속에 두지 않는 것이며 생기심(生其心)이라는 머무른바 없는 마음으로 사물에 응하되 그 사물에 얽매이지 않는 것이다.

벼락경을 다섯 어른께서 해(解)하셨건만 야보께서는 "고요한 밤 산사에 말없이 앉아 있으니 고요적적 함이 본래 그대로더라. 무슨 일로 서풍은 나무숲을 흔들며 차디찬 기러기의 한소리는 장천을 울리는가!"하셨다. 야보송(頌) 중에 시골서생이 가장 좋아하고 염송하고 머문바 없이 작품 하는 구절이다.

중생의 마음 집착 없으면 둘이 아니니 둘 없는 의미 분명히 알면 청정한 마음이라 수보리야 모든 보살마하살아 불국토를 장엄할 때 응당 이와 같이 오염이 없는 청정한 진여의 마음을 일으킴으로써 내 마음의 불국토를 장엄해야 한다.
마음 떠난 그 자리 그 무엇도 없다. 머문바 없는 하루가 아닌 순간이라도 살아야겠다고 다짐한다. 남은 인생 이제부터라도 솔직하고 과식 없이 응당 머문바 없이 마음내기를 공부 해야겠다.

한 글자면 끝이다. 두 마디는 많다.

순간의 붓질로 만상을 토해내다

"석녀가 노래하고 돌장승이 춤을 추며 허공장보살은 가락을 더욱 돋구는구나! 돌고 도는 가운데 어지럼이 더하고 그 가운데 무심한 사람은 몰록시간을 잊었구나. 훔. 어느 날 갑자기 머리 셋 달린 신장을 밀쳐버리니 황금빛 봉황이 날개를 활짝 펼치는구나." 억… 황금빛 봉황이 설하셨다.

이 이상의 언어는 없다. 이 한글자의 활구는 목숨보다 더 소중한 것이다.

훔, 돌, 옴, 억, 할, 방 등은 선어록에서 종종 만날 때 마다 머리가 깨어지는 것 같고 멀쩡한 날에는 한 글자로 앞이 선한다. "말해라" "말해라" 운문선가 목주선사를 뵈옵기를 간절히 뵈옵기를 간절히 원할 때 3일째 되는 날 또 다시 문을 닫아 발이 문에 꽉 끼었을 때 하신말씀 다급하다, 다급하다. 선사들의 가르침에는 지독하게 간절하다.

운문문언 선사의 일자선(1字禪)은 한 글자이지만 말없는 말이 전부를 확연히 드러내고 있다. 한 글귀는 웅크리고 앉아 있는 사자와 같고 지혜의 검과 같다. 어떤 때의 한 글귀는 천하인들의 언어를 제압하며 어떤 때의 한 글귀는 파도를 따라 인연을 따라 굽이 찬다. 일척안(제3의 눈)을 갖춰서 온누리를 제압하고 천길 벼랑에 우뚝 서게 된다.

"관(關)" 운문의 활구다. "척" 하늘 찢어지는 소식이다. 아이고 아이고 이 어쩌란 말인고! 한 말씀에 일언(一言)에 갇혀 금빛 털의 사자도 함부로 몸을 움직이려고 하지 않고 용이 물을 얻은 것이며

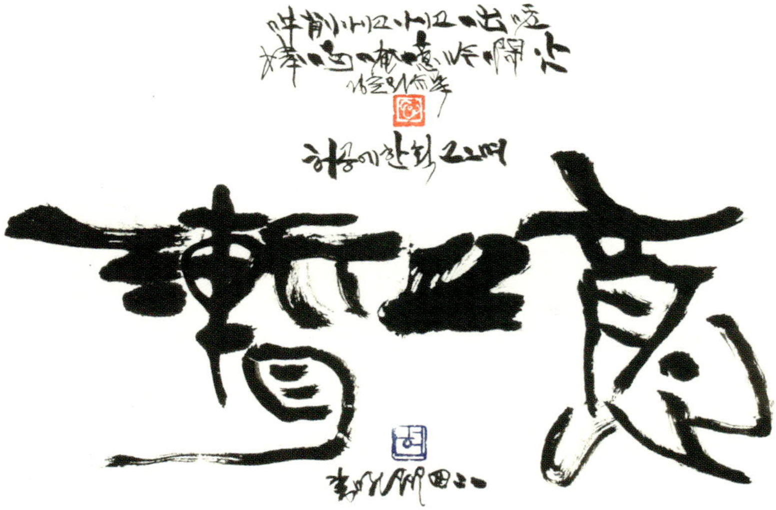

범이 산을 의지한 일이로다. 밝은 노고추(老古錐)의 뛰어난 솜씨가 없다면 과연 이 일을 혼자서 감당 할 수 있겠는가 "하" 한동안의 세월이 지났다.

거의 20여 년 전, 1자 서예전을 가졌다. 한글자도 작품이냐는 빈정거림의 기억에 지금도 아프다. 작품에 1글자만으로 완성도를 채워야 한다는 압박감에 떨리던 그 순간 온전히 나를 세운 기회였다. 겨자씨 속에 우주가 담겼고 허공에 얼마나 많은 획을 그었던가? 찰나의 붓질이 무량한 시간이다.

순간의 붓질로 만상의 형상과 기운을 온통 토해 내야 하니 이 또한 얼마나 통쾌하고 기분 좋은 일인가? 그 느낌 지금도 생생하고 살아 일어선다.

일자선(一字禪) 무겁고 무겁도다. 아프고 아프도다. 큰 어른스님은 가셨지만 젊은 시절 친히 휘호 모습, 찢어진 붓의 용트림이 지금도 호흡이 차고 내 귀에 들린다. 도둑은 늘 마음이 편치 못한 법이다. 올해 작업장을 이름한 격외서사(格外書舍)란 당호가 자꾸 떨어지려한다.'

무유공포

공한 것 보면 대자유인의 삶

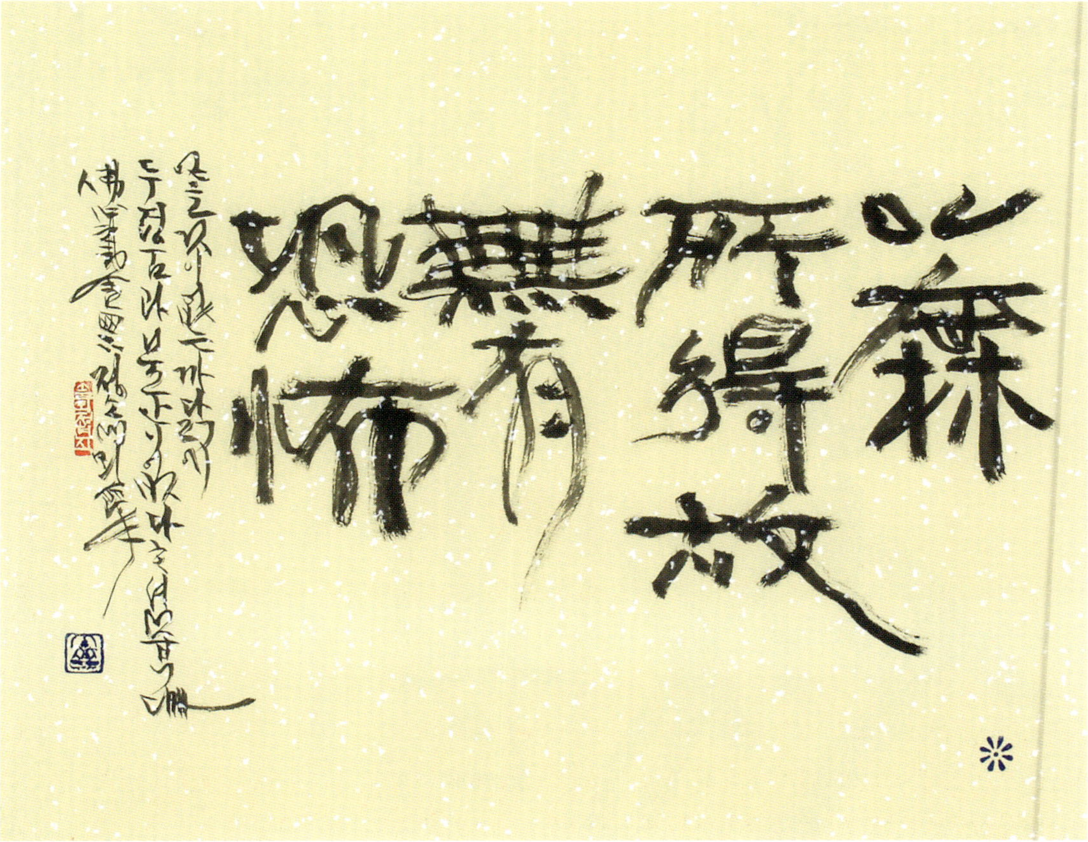

한 마음이 도피안의 길을 열어준다. 차안(此岸)에서 피안으로 건너간다. 사는 것 모두가 공한 것임을 본다면 두려움도 집착도 걸림 없는 자유자재한 대자유인의 삶을 한평생 한바탕 즐기다 누구도 예외 없이 북망산천에 꽃 거름 된다.

불설마하반야바라밀다심경 이름이 이름 일뿐이 아니다. 8만4천경의 말씀을 불에 넣어도 차지 않고 물에 넣어도 없어지지 않는 260자에 고스란히 담아내놓았다. 아침, 저녁으로 염송하지만 그 깊이 알 수 없다. 시골선비들께 스님은 왜 소가 여물 씹듯이 뜻도 모르고 그렇게 반야심경을 외우기만 하냐고 하셨던 노스님의 경책이 뇌리를 스친다. 얼마나 난해하고 깊이에 반야심경의 주석서가 이다지도 많은 것인가 읽고 새기고 또 알아차리려 하지만 저의 두레박의 끈이 짧아 깊고 맑은 우물속의 물을 기를 수 없지만 가슴으로 염송한다.

첫 구절이 책 전체의 핵심을 담아내듯 명(銘)과 경(經)도 그러하다. '지도무난유렴간택(至道無難唯嫌揀擇)', 지극한 도는 어렵지 않으며 오직 꺼리는 것은 간택뿐이다. 이 현묘한 8자가 신심명의 요점이며 근본종지이다. 이 큰 8자 속에 승찬대사의 146구 584자를 담았다니, 큰 붓으로 써놓고 몇 번씩 올려보고 벽에 붙여보고 혼자 웃어 본적도 한 두 번이 아니었다.

반야심경도 첫 문장이 관자재보살이 반야바라밀다를 깊이 행할 때 오온이 모두 공하다고 비추어 보고 모든 괴로움과 고통을 건넜다고 하셨다. 내 자신도 심무가애 무유공포를 즐겨 쓴다. 쓸 때 마다 걸림 없고 바램 없는 본디 마음자리 무명 업식이 사라지는 간절함을 담는다.

육체와 정신이 실체가 없는 공한 것이란 걸 알았다는 사실이 완전한 반야 즉 지혜의 완성이다. 성내는 그 마음, 기쁜 마음 괴로움과 괴로움사이에서 일어나는 기쁨 즐거움과 즐거움사이에서 일어나는 괴로움 어찌 찾을 수 있을까?

내가 정하고 스스로 한계 지은 기준점, 성인이 되겠다고 노력해야 겨우 현인의 단계까지 이를 수 있다는 사실, 반드시 은산철벽을 넘어서는 수행의 끝자리에서 느낌으로만 이를 수 있는 묘처에 당도 할 수 있을 것이다. 이 모든 것이 스스로를 바로 볼 줄 아는 정견이며 관자재에 있다. 봄에는 청록이요 가을에는 붉디 붉은 단풍이다.

한세월이 지났다. 한동안 산중에서 공부 할 수 있었다. 철문에 무호당(無號堂)이라 내걸고 수행삼

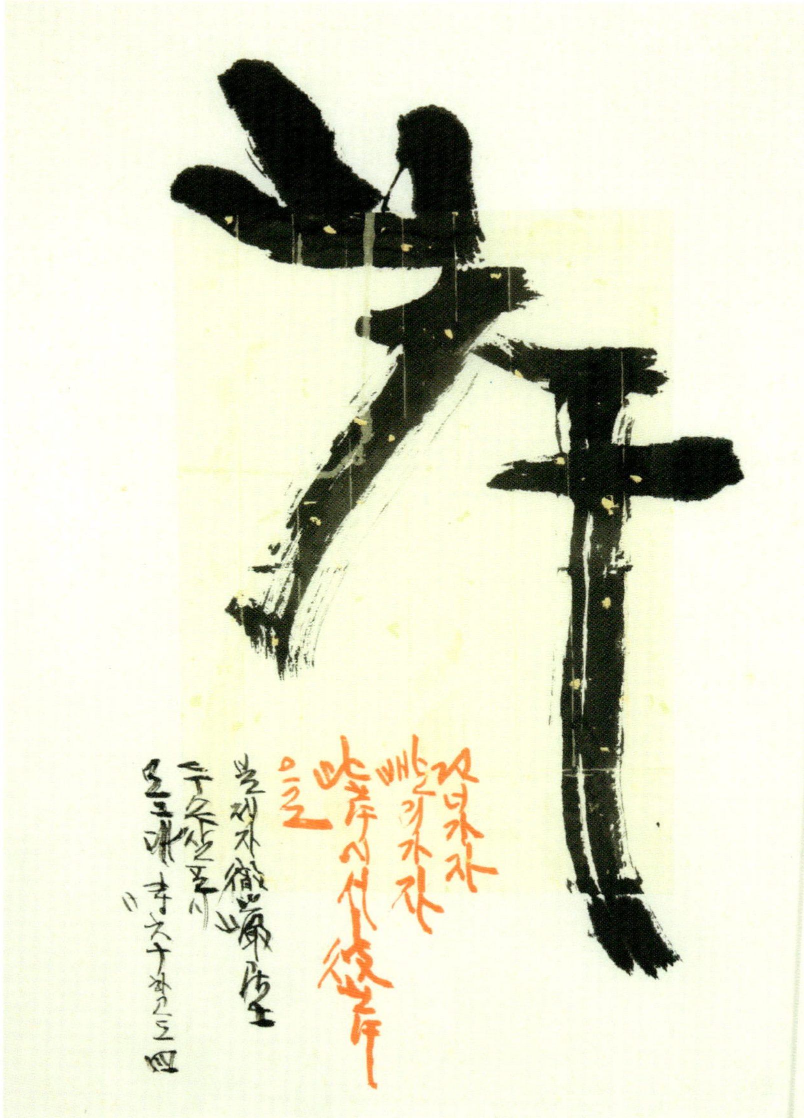

아 쓴 100폭이 넘는 작은 크기 반야심경 8폭 병풍이 소지공양을 기다린다. 지금 견디고 사는 힘이 조건 없이 쉬고 쉰 득력의 힘, 고마움이라 믿으며 그때의 마음을 만져본다.

길 위에서 길을 묻다

이 길은 어디가 끝일까?

늦은 밤 아들이 보내준 카톡을 늦은 아침에 보게 되었다. '비긴어게인'의 한 장면이었다. 눈물의 바다가 되었다는 문자에 평소 내가 작품을 쓰고 싶은 가사였기에 나는 노래를 듣는다는 것보다 가사에 빠져들었다. 생각만으로 시간을 보냈고 작년 전시회에도 작품을 할 수 없었다. 길이라는 단어를 좀 더 포장하면 "도"가 되고 나의 길도 "서도(書道)"라고 한다. 가시밭길이다.

구도의 길, 불도의 길, 상도(商道), 예도(藝道), 이 길은 어디가 끝이며 어디로 가는 걸까! 혼자 무소의 뿔처럼 굳세게 가야한다 라고 생각하니 머리에 전율이 오고 빨리 가려면 혼자가고 오래가려면 같이 가라는 말이 힘이 된다. 가족과 도반이 내 길에 큰 울림이고 화음(和音)이다. 걷다의 걸음 보(步)자는 오른발, 왼발이 짚신과 헝겊신을 신고 대문을 열고 길로 걸어 나가는 형상이다. 빨리 달리고 급히 달려 우리는 모두다 구도의 끝 본래고향에 이르려야한다.

도의 증득도 개별적인 차이와 능력 가치가 같지 않기에 공식을 내세울 수도 계산방식을 제시 할 수도 없다. 기이한 인연에 인과의 사슬에 의해 놓지도 못하고 잡지도 못하는 인연이 얼마나 일어나고 사라지는가!길을 닦아놓으면 사람이 오고 짐승들도 지나간다. 누군가를 뒤따르고 더디게 걸어간다는 것은 힘들고 전혀 앞이 보이지 않는다. 부처님이 가셨던 길을 그대로 행하면 된다지만 시간과 공간이 주는 묘한 함수는 방편을 따라야 한다. 사람이 사람을 등에 업고 걸으면 더디게 걸을 수밖에 없고, 한자 뒤 후(後)자는 사람의 발에 밧줄이 메어져 있는 가슴 아픈 글자의 회의문자이다.

오래전 방송에서 본 노예의 모습이 가슴을 찡하게 한다. 묶인 쇠사슬로 빠르게 앞서 걷는 주인을 따라가야 하니 얼마나 힘이 들까. 세상사는 일도 다르지는 않을 것이다. 분수와 지족만이 자기 보폭으로 사랑하며 살아가는 위대한 행위이다. 시커먼 먹물에게 길을 묻고 작품하고 살면서 구하여도 얻지 못하는 것에 대한 괴로움 놓지도 들지도 못하는 인연의 관계에 가슴만 아프다.

자신에게 솔직해야만 울 수 있다. 참으로 행복한 사람의 특권이다. 울어본 적이 언제인가 방송을 보면서 돈, 명예, 겨우 살아가야 하는 현실인지 이유 없이 눈물이 났다면 혼자 울었을 아들을 생각하니 이제 30살을 넘어서 길을 찾고 더듬는 아픈 방황에 그저 두 손을 모을 뿐이다. 우리 모두는 길 위에 서서 길을 묻고 멍히 서 있기도 하고 그저 갈 수밖에 없어 길을 간다. 이 시대에 부처님께서 오신다면 어떻게 이 혼돈의 길을 걸어가실지 마음이 무겁다.

만사는 결함 있어야 아름다워

성냄 다스리면 업장 문 열어

"내가 스스로 대단한 사람이고 생각하는 줄 아는가! 나는 한 번도 그런 생각을 해본 적이 없다. 홍일스님의 처소 담장 밖을 돌고 있을 때 이처럼 작아지는 것을" 어느 소설가는 말씀하셨다. 아명(皃名)이 성혜로 "사기"에 복숭아 배나무 아래는 말하지 않아도 지름길이 난다에서 빌려왔으며 대사께서 머무는 자리마다 법을 청하는 사람들로 길이 생기고 인산인해였다.

스님의 강연과 선남자 선여자의 예배와 공양을 받으면서 법석으로 이곳저곳에서 번거로운 일들을 줄이고 떠나려는 생각이 간절할 때 열다섯 살 소년의 편지 한통을 받게 된다.

"연회에 자주 참석하지 말고 조용히 수행에만 매진할 것"을 권했고 소년은 최근의 생활은 시를 읊고 달을 감상하며 꽃을 보고 고요히 좌선한다고 써 보낸 편지에서 무척 부끄러웠다라고 적고 있다.

속세나이 60세에 법사, 노법사, 율사의 이름 모두 버리고 제자나 시자도 모두 사절하고 38세 미련없이 출가한 그 자리로 돌아가게 된다. 초발심의 그 자리가 바로 구경터이다. 대사께서는 새로워지기 위해 배움을 강조하셨고 배웠으면 성찰해서 통렬히 반성하고 고쳐야하며 고침이야말로 자신을 광명하게 된다.

20여 년간 성내지마라. 한 글자를 다스려왔으나 아직도 다함이 없고 〈화엄경〉에 "성내는 마음을

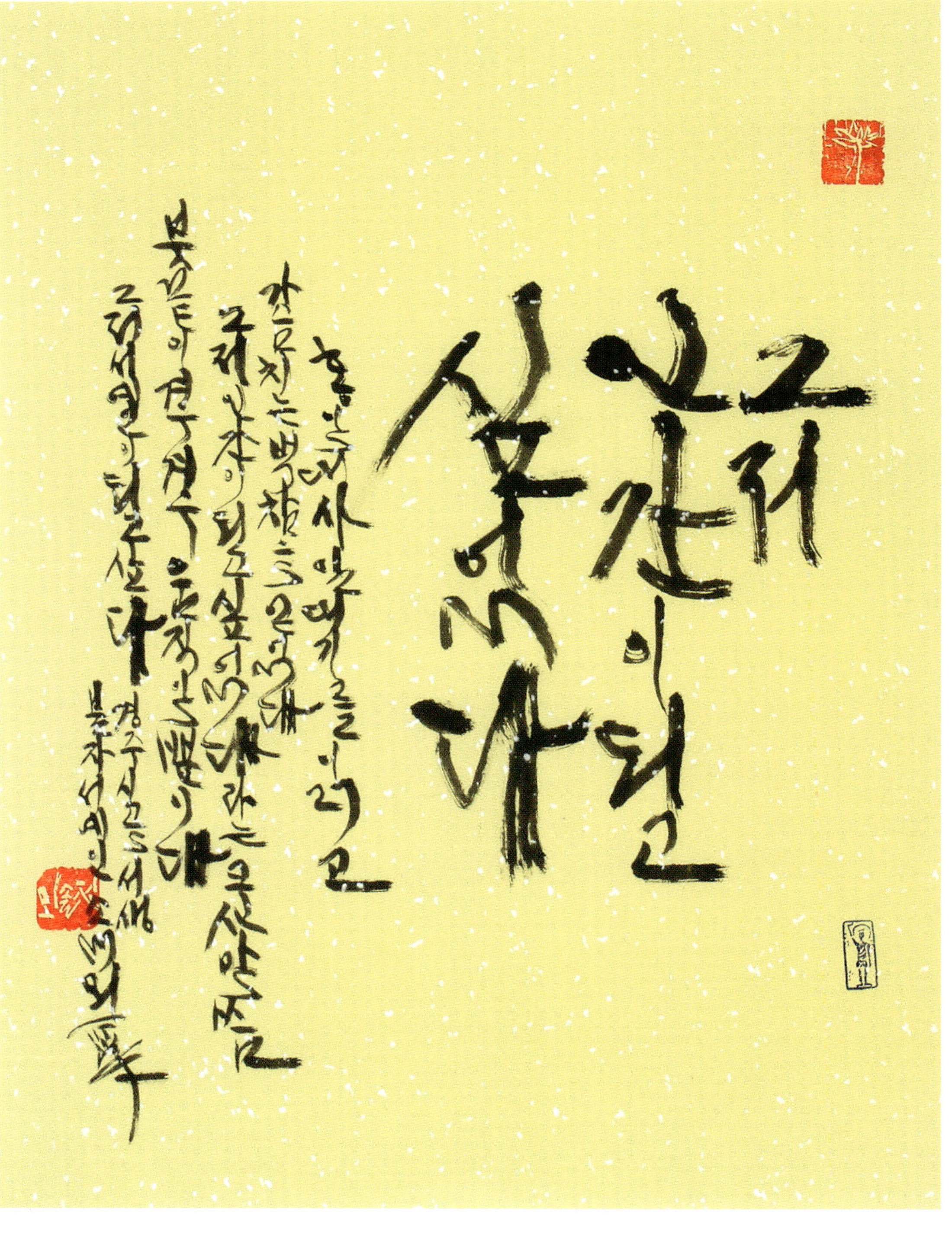

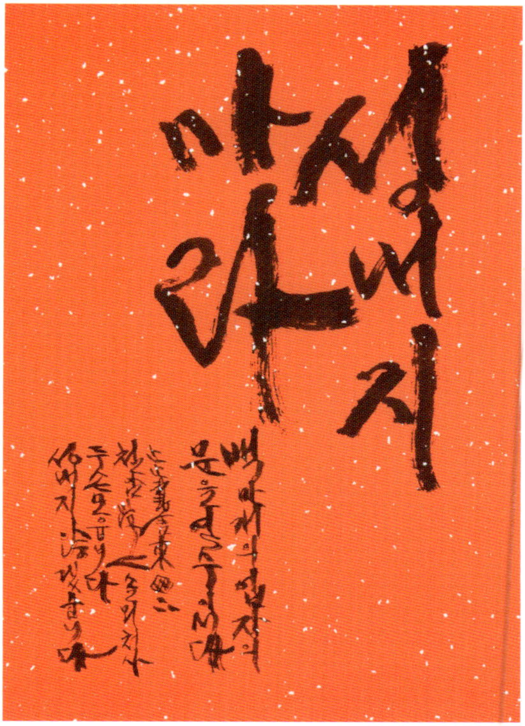

다스리는데 일념 한다면 백만 개의 업장 문을 열 수 있고 매사에 이익을 보려고 하기 보다는 매사에 기꺼이 손해 보는 마음을 가져라 남의 잘못을 말하지도 말고 네 마리 말이 끄는 수레도 그 속도가 혀에는 미치지 못한다. 제발 말을 줄이고 자신의 허물을 덮으려 하지 말고 참회하고 사죄해야 한다. 허물을 줄이고자 해도 제대로 못하고 있다는 대성현의 지극한 고백이 계속 나를 괴롭힌다.

부처님께 귀의하고 불법에 귀의하고 한분의 고승대덕과 친분을 맺어라 승(僧)에게 귀의한다. 라는 말은 어느 법사의 문중사람이 되는 것이 아니라 강조하신다. 미제로 끝나니 마음에 아쉬움 남지만 만사는 다 결함이 있어야 아름다운 법이라며 강연하신 말씀이 귀에 들리는 듯 마음이 편안해진다. 천가지만가지 결함투성인 작품도 나의 수행도 다시 고쳐 멜 수 있는 기회를 주신다.

가슴으로 매만져보는 위대한 오늘이며 한권의 책이 큰 스승이다. 서재의 몇 권의 책이 일러주는 길을 잘 모셔야겠다. 내 작품의 결함마저도 안아줄 수 있는 불자들에게 따스한 동행이길 바란다.

버려라 꽃을 버렸다는 그 마음도 내려놓아라

크게 살아야 크게 죽을 수 있다

사는 일이 쉽지 않다. 세상 어느 한 곳 멀쩡한 곳을 더더욱 만나기 쉽지 않다. 읽었던 선어록을 다시 잡았다. "버려라" "놓아 버려라" 양손에 든 꽃 중에 한 손의 꽃을 버렸다. "버려라" 나머지 꽃도 버렸다.

부처님께서는 또 "버려라"라고 조용히 말씀 하셨다. 불제자는 양손의 꽃을 모두 다 버렸는데 무엇을 버리란 말씀 입니까 무척 황당했다.

"불제자여 버렸다라는 그 마음마저도 놓아버려라" 하늘을 째는 번개 같은 자상하신 말씀에 생사를 초월하는 깨달음을 얻었다. 꽃은 꽃이 아닌 삶의 전부인 것이다.

크게 죽어야 크게 살 수 있고 크게 살아야 크게 죽을 수 있다. 어떤 이의 죽음은 낙타털처럼 가볍고 어떤 자의 죽음은 태산이 무너지는 듯하다. 놓지 않고는 어떤 것도 얻을 수 없다.

손가락에 붓을 쥐고 원을 그리면 원이 되고 네모가 되는 것, 원도 아니요 네모도 아니요, 원 같기도 하고 네모 같기도 한 이 묘함은 양극단을 내려놓아야만 이를 수 있는 묘한 경지요, 무상무구 발심의 서원만이 이루게 한다. 두 주먹 쥐고서는 더 잡을 수가 없다. 어떤 일이든지 오만이 들어차 있으면 더 받아들일 수 없다. 스펀지 같은 수용성만이 거듭 새로울 수 있다.

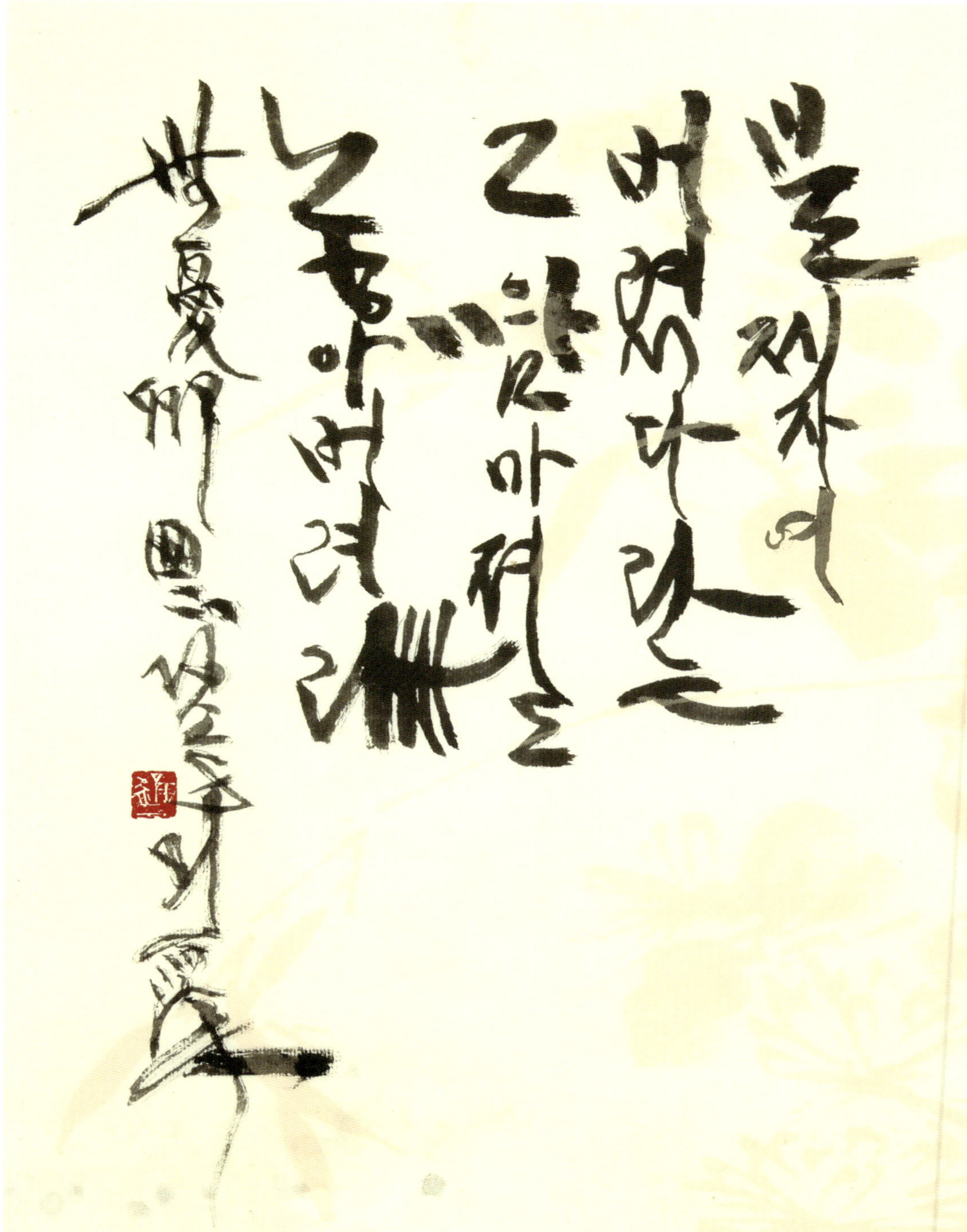

내려놓는 순간 우리는 점차 강해진다. 남을 높일수록 내가 더 높아지는 지극한 도리를 어찌 모르는가!

이런 말씀이 있다. 엄양(嚴陽) 존자가 조주스님에게 물었다. "한 물건도 가지고 오지 않았을 때 어떻게 해야 합니까" 조주스님이 방하착(放下著)이라 하였다. 엄양 존자가 "한물건도 가지고 오지 않았는데 무엇을 내려놓으란 말입니까!" 조주스님께서 "내려놓기 싫으면 짊어지고 가거라" 하셨다 천이통이 열리고 누진통까지 열리고 깨달음으로 본래 고향에 이를 수 있었으니 얼마나 무량대복일까. 소유한 것도 없는데 소유하지 말라 하시니 이 또한 문자에 갇힌 사변의 논리를 깨어줄 수 있을지, 마음속에 자라는 번뇌와 속됨을 내려놓을 수만 있다면 대자유인이고 참사람인데 어찌할 수가 없다. 너무 힘들고 처음 맞는 알 수 없는 세간살이 변이종 바이러스까지 지친 마음 놓아야 하지만 너무 힘겨워 놓을 수 없다.

"버려라" "내려놓아라" 이 귀한 가르침이 참으로 무섭게 느껴지는 세상의 한 복판에서 갈 길을 잃어버린 참으로 지독하게 무서운 세상이다.

초판 인쇄 2022년 06월 20일
초판 발행 2022년 06월 28일

저자 솔뫼 정현식
경북 경주시 야척안길 38 솔뫼정현식문자예술연구소

발행인 현법스님
편집인 오심스님
발행처 대한불교조계종 불교신문사

책임편집 여태동
디자인 김의동

출판등록 등록 제300-270-133호
주소 서울시 종로구 우정국로 67 전법회관 5층
전화 02)733-1604
팩스 02)3210-0179

ISBN 979-11-89147-27-3 03220

값 30,000원